SORRIA, VOCÊ ESTÁ PRATICANDO INGLÊS!

Mark G. Nash
Mestre em teoria da comunicação
pela McGill University,
Montreal, Canadá

e

Willians Ramos Ferreira
Mestre em Lingüística Aplicada
e Estudos da Linguagem
pelo LAEL/PUC-SP

SORRIA, VOCÊ ESTÁ PRATICANDO INGLÊS!

Abordagem lexical com foco em *colocações* e *expressões* típicas em inglês

Mais de **100** piadas em inglês com glossário em português

© 2010 Mark G. Nash e Willians Ramos Ferreira

Preparação de texto: Verba Editorial
Projeto gráfico e capa: Alberto Mateus
Edição de arte e diagramação: Jessica Siqueira / Crayon Editorial
Ilustrações: Carlos da Cunha
Assistente de produção: Noelza Patricia Martins

Dados Internacionais de Catalogação na Publicação (CIP)
(Câmara Brasileira do Livro, SP, Brasil)

Nash, Mark G.
  Sorria, você está praticando inglês! / Mark G. Nasch & Willians Ramos Ferreira. – Barueri, SP : DISAL, 2010.

  ISBN 978-85-7844-058-9

  1. Inglês - Estudo e ensino 2. Inglês -Expressões idiomáticas I. Ferreira, Willians Ramos. II. Título.

10-08650   CDD-428

Índices para catálogo sistemático:
  1. Expressões idiomáticas : Inglês : Linguística 428
  2. Inglês : Expressões idiomáticas : Linguística 428

Todos os direitos reservados em nome de:
Bantim, Canato e Guazzelli Editora Ltda.

Al. Mamoré, 911 - sala 107, Alphaville
06454-040, Barueri - SP
Tel./Fax: 55 11 4195-2811

Visite nosso site: www.disaleditora.com.br

VENDAS
Televendas: (11) 3226-3111
Fax gratuito: 0800 7707 105/106
E-mail para pedidos: comercialdisal@disal.com.br

Nenhuma parte desta publicação pode ser reproduzida, arquivada ou transmitida de nenhuma forma ou meio sem permissão expressa e por escrito da Editora.

Apresentação

Quem não gosta de ouvir uma boa piada? As piadas têm o poder contagiante de descontrair qualquer ambiente ou grupo de pessoas. E por que não fazer uso de piadas para encarar os estudos de inglês de maneira mais alegre e divertida? Ou ainda dar uma animada naquela aula de sexta-feira que está um pouco sonolenta?

As piadas representam uma ótima maneira de se conhecer e aprender sobre um povo e sua cultura. Muitas vezes as piadas servem para brincar com estereótipos culturais, embora quase nunca de uma maneira justa ou merecida. Por que será que nas piadas alguns povos são sempre retratados como preguiçosos, outros como desconfiados, outros como pouco inteligentes etc.? Ninguém sabe, talvez, mas é assim que acontece e isso se perpetua por gerações.

E nos Estados Unidos? Eles tiram sarro de quem? Bem, há as piadas sobre os *rednecks*, os caipiras do interior no sul do país, com fama de serem conservadores e ingênuos, mas ao mesmo tempo espertos em relação à gente da cidade. Loiras? Burras, é claro. Tem piadas sobre mexicanos, poloneses, italianos, irlandeses, escoceses e judeus, todos povos bem representados na demografia americana. Isso sem falar das piadas sobre profissões, regiões, religiões e sexo.

No entanto, para o aluno de inglês, as piadas estrangeiras podem representar certo desafio. Muitas vezes elas brincam com o duplo sentido das palavras ou ainda com sons que, às vezes, fazem alusão a outras palavras. Além disso, a linguagem das piadas é geralmente informal e coloquial, e, claro, também vulgar. Obviamente, o aluno não encontra esse tipo de vocabulário em livros didáticos ou dicionários comuns. Foi a partir daí que surgiu a nossa ideia de escrever um livro de piadas em inglês dedicado aos estudantes e usuários brasileiros.

Este livro traz uma coletânea de piadas, todas atuais e em circulação nas ruas, escritórios, rodas de amigos, bares e na internet. Há um pouco de tudo para tentar abranger a riqueza do humor norte-americano, em especial.

Como o livro está organizado?

As piadas não estão organizadas sem nenhuma ordem fixa, mas trazem indicação do tema de cada piada – *blondes*, *The Irish*, *Texans*, *religion* etc. Cada piada é seguida de um glossário específico. No glossário demos prioridade a colocações (associação típica de palavras), expressões idiomáticas, expressões fixas e semifixas, além de gírias e termos fundamentais para o entendimento de cada piada. O objetivo do glossário é chamar a atenção do usuário para os *chunks of language*, ou seja, as "porções lexicais" ou "agrupamentos de palavras" que frequentemente vêm juntos em contextos específicos de uso. A habilidade de reconhecer essas porções lexicais é fundamental para o desenvolvimento da fluência e naturalidade no uso do idioma.

Enfim, este é um livro para você se divertir e rir acima de tudo, e ao mesmo tempo, consolidar e expandir os seus conhecimentos sobre a língua, o povo e a cultura norte-americana. Afinal, *Sorria! Você está praticando inglês!*

· MARK G. NASH & WILLIANS RAMOS FERREIRA

1 Little Johnny | Pequeno Johnny

Little Johnny

A door-to-door salesman comes-a-knocking and 10-year-old Little Johnny answers, a beer in one hand and a **lit cigar** in the other.

The salesman says, "Little boy, is your mommy home?"

Little Johnny **taps his ash** on the carpet and says, "**What the hell do you think?**"

- **door-to-door salesman** ▸ vendedor ambulante
- **comes-a-knocking** ▸ chega e bate na porta
- **lit cigar** ▸ charuto aceso
- **taps his ash** ▸ bate a cinza
- **what the hell...?** ▸ que diabos...?

2 **men vs. women, relationships** | homens vs. mulheres, relacionamentos

Her Diary

Tonight I thought my husband was **behaving strangely**. We had made plans to meet at a bar to have a drink. I was shopping with my friends **all day long** so I thought he was **upset** at the fact that I was a bit late, but he made no comment on it. **Conversation wasn't flowing**, so I suggested that we go somewhere quiet so we could talk. He **agreed**, but he didn't say much. I asked him what was wrong; he said, 'Nothing.' I asked him if it was my **fault** that he was upset. He said he wasn't upset, that **it had nothing to do with me**, and **not to worry about it**. On the way home, I told him that I loved him. **He smiled slightly**, and kept driving. I can't explain his behavior. I don't know why he didn't say, 'I love you, too.' When we got home, I felt as if I had lost him completely, as if he wanted nothing to do with me anymore. He just sat there quietly, and watched TV. He continued to seem distant and absent. Finally, with silence all around us, I decided to go to bed. About 15 minutes later, he came to bed. **To my surprise**, he responded to my **caresses**, and we **made love**. But I still felt that he was distracted, and **his thoughts were somewhere else**. He **fell asleep** - I **cried**. I don't know what to do. I'm sure that his thoughts are with someone else. My life is a disaster.

His Diary

The Harley wouldn't start today. **Can't figure it out. At least I got laid.**

- ⟳ **behaving strangely** ▸ comportando-se de maneira estranha
- ⟳ **all day long** ▸ o dia todo
- ⟳ **upset** ▸ chateado
- ⟳ **conversation wasn't flowing** ▸ o papo não estava fluindo
- ⟳ **agreed** ▸ concordou
- ⟳ **fault** ▸ culpa
- ⟳ **it had nothing to do with me** ▸ não tinha nada a ver comigo
- ⟳ **not to worry about it** ▸ para não se preocupar com isso
- ⟳ **on the way home** ▸ no caminho de casa
- ⟳ **he smiled slightly** ▸ ele deu um leve sorriso
- ⟳ **to my surprise** ▸ para a minha surpresa
- ⟳ **caresses** ▸ carinhos
- ⟳ **made love** ▸ fizemos amor
- ⟳ **his thoughts were somewhere else** ▸ os pensamentos dele estavam distantes
- ⟳ **fell asleep** ▸ caiu no sono
- ⟳ **cried** ▸ chorei
- ⟳ **the Harley wouldn't start** ▸ a moto (Harley Davidson) não queria pegar
- ⟳ **can't figure it out** ▸ não consigo entender
- ⟳ **at least** ▸ pelo menos
- ⟳ **got laid** ▸ descolei uma transa

3 **blondes** | loiras

Bob and the Blond

Bob, **a handsome dude**, **walked into a sports bar** around 9:58 pm. He sat down next to **a blonde at the bar** and **stared up at the TV**. **The 10 pm news was coming on. The news crew was covering the story** of a man **on the ledge of a large building** preparing to **jump**.

The blonde looked at Bob and said, "Do you think he'll jump?"

Bob said, "**You know, I bet he'll jump**."

The blonde replied, "Well, I bet he won't."

Bob **placed a $20 bill on the bar** and said, "**You're on!**"

Just as the blonde placed her money on the bar, the guy on the ledge **did a swan dive** off the building, **falling to his death.**

The blonde was very upset, but **willingly handed** her $20 to Bob, saying, "**Fair's fair.** Here's your money."

Bob replied, "I **can't take your money**. I saw this earlier on the 5 pm news, and so I knew he would jump."

The blonde replied, "I did too, but I didn't think he'd do it again."

Bob took the money...

- ↻ **a handsome dude** ▹ um cara boa pinta
- ↻ **walked into a sports bar** ▹ entrou num bar (com temas esportivos)
- ↻ **a blonde at the bar** ▹ uma loira no balcão
- ↻ **stared up at the TV** ▹ começou a olhar fixamente para a TV
- ↻ **the 10 pm news was coming on** ▹ o noticiário das dez estava começando

- **the news crew was covering the story** ▶ a equipe de repórteres estava cobrindo a história
- **on the ledge of a large building** ▶ no beiral de um grande prédio
- **you know, I bet he'll jump** ▶ sabe de uma coisa, eu aposto que ele vai pular
- **placed a $20 bill** ▶ colocou uma nota de 20 dólares
- **on the bar** ▶ sobre o balcão
- **you're on!** ▶ está apostado!
- **did a swan dive** ▶ deu um mergulho no ar
- **falling to his death** ▶ vindo a falecer com a queda
- **willingly handed** ▶ de bom grado entregou
- **fair's fair** ▶ o que é justo, é justo
- **can't take your money** ▶ não posso aceitar o seu dinheiro

4 children | crianças

A Little Girl on a Plane

A **stranger** was seated next to a little girl on the airplane when the stranger **turned to her** and said, 'Let's talk. **I've heard that** flights go quicker if you **strike up a conversation with your fellow passenger**.'
The little girl, who had just opened her book, closed it slowly and said to the stranger, 'What would you like to talk about?'
'Oh, I don't know,' said the stranger. '**How about nuclear power?**', and he smiles.

'OK', she said. 'That could be an interesting topic. **But let me ask you a question first**. A horse, a cow, and a **deer** all eat **the same stuff** – grass, yet a deer **excretes little pellets, while a cow turns out a flat patty**, and **a horse produces clumps of dried grass**. Why do you suppose that is?'
The stranger, **visibly surprised** by the little girl's intelligence, thinks about it and says, 'Hmmm, **I have no idea**.'
To which the little girl replies, 'Do you really feel qualified to discuss nuclear power when **you don't know shit**?'

- **a stranger** ▸ um estranho
- **turned to her** ▸ virou-se pra ela
- **I've heard that** ▸ eu ouvi falar que
- **strike up a conversation** ▸ puxar conversa
- **with your fellow passenger** ▸ com o passageiro ao lado
- **how about nuclear power?** ▸ que tal energia nuclear?
- **but let me ask you a question first** ▸ mas deixe-me fazer uma pergunta primeiro
- **deer** ▸ veado

- ⊃ **the same stuff** ▶ a mesma coisa
- ⊃ **grass** ▶ capim
- ⊃ **excretes little pellets** ▶ expele pequenas bolinhas
- ⊃ **while** ▶ ao passo que
- ⊃ **a cow turns out a flat patty** ▶ uma vaca expele algo em formato de panqueca achatada
- ⊃ **a horse produces clumps of dried grass** ▶ um cavalo produz maços de grama seca
- ⊃ **visibly surprised** ▶ visivelmente surpreso
- ⊃ **I have no idea** ▶ eu não faço ideia
- ⊃ **you don't know shit** ▶ você não entende de merda nenhuma

5 the elderly, sex | idosos, sexo

Grandma and Grandpa

Grandma and Grandpa were visiting their kids **overnight**.
When Grandpa found **a bottle of Viagra** in his son's **medicine cabinet**, he asked about using one of the pills. The son said, "I don't think you should take one Dad; they're very strong and very expensive."
How much?" asked Grandpa.
$10.00 a pill," answered the son.
I don't care," said Grandpa, "I'd still like to try one, and before we leave in the morning, I'll put the money **under the pillow**."
Later the next morning, the son found $110 under the pillow. He called

Grandpa and said, "I told you each pill was $10, not $110.
"I know," said Grandpa. "The hundred is from Grandma!"

- ↻ **grandma and grandpa** ⇝ vovó e vovô
- ↻ **overnight** ⇝ de um dia para o outro
- ↻ **a bottle of Viagra** ⇝ um frasco de Viagra (em pílulas)
- ↻ **medicine cabinet** ⇝ armário de medicamentos
- ↻ **I don't care** ⇝ eu não me importo
- ↻ **under the pillow** ⇝ debaixo do travesseiro

6 **lawyers, sex** | advogados, sexo

Valerie and the Lawyer

The madam opened **the brothel door** in Duluth and saw a rather dignified, well-dressed, good-looking man in his late 40's or early 50's.
'**May I help you, sir?**', she asked.
'I want to see Valerie', the man replied.
'Sir, Valerie is **one of our most expensive ladies**. Perhaps you would prefer **someone else**', said the madam.
'No, I must see Valerie', he replied.
Just then, Valerie appeared and announced to the man she **charged $5,000 a visit. Without hesitation, the man pulled out $5,000** and gave it to Valerie, and they **went upstairs**. After an hour, the man calmly left.
The next night, the man appeared again, once more **demanding to see**

Valerie. Valerie explained that no one had ever come back **two nights in a row** as she was too expensive. But there were no discounts. The price was still $5,000.

Again, the man pulled out the money, gave it to Valerie, and they went upstairs. After an hour, he left.

The following night, the man was there yet again.

Everyone was astounded that he had come for a third consecutive night, but he paid Valerie and they went upstairs...

After their session, Valerie questioned the man, 'No one has ever been with me three nights in a row. Where are you from?', she asked.

The man replied, 'Minneapolis'.

'Really?', she said. 'I have family in Minneapolis.'

'I know', the man said. 'Your sister died, and I am her **attorney**. She asked me to give you your **$15,000 inheritance**.'

The moral of the story is that three things in life are certain:

1   **Death**
2   **Taxes**
3   **Being screwed by a lawyer...**

- **the madam** ▸ a dona do bordel
- **the brothel door** ▸ a porta do bordel
- **may I help you, sir?** ▸ posso ajudá-lo, cavalheiro?
- **one of our most expensive ladies** ▸ uma das nossas moças mais caras
- **someone else** ▸ uma outra pessoa
- **charged $5,000** ▸ cobrava $5.000
- **a visit** ▸ por sessão

- ⟳ **without hesitation** ▸ sem pensar duas vezes
- ⟳ **the man pulled out $5,000** ▸ o cara sacou $5.000
- ⟳ **went upstairs** ▸ subiram para o quarto
- ⟳ **demanding to see Valerie** ▸ insistindo para ver Valerie
- ⟳ **two nights in a row** ▸ duas noites seguidas
- ⟳ **the following night** ▸ na noite seguinte
- ⟳ **everyone was astounded** ▸ todos estavam surpresos
- ⟳ **attorney** ▸ advogado
- ⟳ **$15,000 inheritance** ▸ uma herança de $15,000
- ⟳ **death** ▸ morte
- ⟳ **taxes** ▸ impostos
- ⟳ **being screwed by a lawyer** ▸ ser sacaneado por um advogado.

7 **women** | mulheres

Never Argue with a Woman

One morning the husband returns after several hours of fishing and decides to **take a nap. Although not familiar with the lake**, the wife decides to take the boat out. She **motors out a short distance**, anchors, and reads her book.

Along comes a Game Warden in his boat. He **pulls up alongside the woman** and says, 'Good morning, ma'am. What are you doing?'

'Reading a book,' she replies.

'**You're in a Restricted Fishing Area**', he informs her.

'I'm sorry, officer, but I'm not fishing. I'm reading.'
'Yes, but you have all the equipment. **For all I know** you could start at any moment. **I'll have to take you in and write you up**',
'For reading a book?', she replies.
'You're in a Restricted Fishing Area', he informs her again.
'**If you do that, I'll have to charge you with sexual assault**', says the woman.
'**But I haven't even touched you**', says the game warden.
'That's true, but you have all the equipment. For all I know, you could start at any moment.'
'**Have a nice day, ma'am!**', and he left.

- **never argue with a woman** ▸ nunca discuta com uma mulher
- **take a nap** ▸ tirar uma soneca
- **although** ▸ embora
- **not familiar with the lake** ▸ não familiarizada com o lago
- **motors out** ▸ liga o motor (do barco) e sai

- **a short distance** ⇥ a uma curta distância
- **along comes a Game Warden** ⇥ eis que chega um Guarda Florestal
- **pulls up alongside the woman** ⇥ chega ao lado da mulher
- **you're in a Restricted Fishing Area** ⇥ a sra. está em uma Área de Pesca Proibida
- **for all I know** ⇥ pelo que percebo
- **I'll have to take you in and write you up** ⇥ eu terei que autuá-la e lhe aplicar uma multa
- **if you do that,...** ⇥ se o sr. fizer isso,...
- **I'll have to charge you with sexual assault** ⇥ eu terei que processá-lo por assédio sexual
- **but I haven't even touched you** ⇥ mas eu nem mesmo a toquei
- **have a nice day, ma'am!** ⇥ tenha um bom dia, sra!

8 children | crianças

Daddy Longlegs Spiders

A father watched his young daughter playing in the garden. He smiled as he reflected on how sweet and pure his little girl was. **Tears formed in his eyes** as he thought about her seeing **the wonders of nature** through such innocent eyes.

Suddenly she just stopped and **stared at the ground**.

He **went over to her** to see what **work of God** had captured her attention.

He noticed she was looking at two spiders **mating**.

'Daddy, what are those two spiders doing?' she asked.
'They're mating', her father replied.
'**What do you call** the spider on top?', she asked.
'That's a Daddy Longlegs', her father answered.
'So, the other one is a Mommy Longlegs?', the little girl asked.
As his heart soared with the joy of such a cute and innocent question he replied, 'No dear. Both of them are Daddy Longlegs.'
The little girl, looking a little **puzzled**, thought for a moment, then **lifted her foot** and **stomped them flat...**
'**Well, we're not having any of that gay shit in our garden!**', she said.

- **daddy longlegs spiders** ▸ aranhas *daddy longlegs* (espécie de aranhas com pernas compridas)
- **tears formed in his eyes** ▸ lágrimas se formavam em seus olhos
- **the wonders of nature** ▸ as maravilhas da natureza
- **stared at the ground** ▸ olhou fixamente para o chão
- **went over to her** ▸ se aproximou dela

- ↻ **work of God** ⊳ obra de Deus
- ↻ **mating** ⊳ cruzando
- ↻ **what do you call...?** ⊳ como se chama...?
- ↻ **as his heart soared with the joy** ⊳ com o coração cheio de alegria
- ↻ **puzzled** ⊳ confusa
- ↻ **lifted her foot** ⊳ levantou o pé
- ↻ **stomped them flat...** ⊳ esmagou-as no chão...
- ↻ **well, we're not having any of that gay shit in our garden!** ⊳ ora, nós não vamos aceitar essa viadagem no nosso jardim!

9 children | crianças

A Five-Year Old's First Job

Here's **a truly heartwarming story** about the **bond** formed between a little five-year-old girl and some **construction workers** that will make you believe that we all can make a difference when we give a child **the gift of our time**.

A young family moved into a house, **next to a vacant lot**. One day, **a construction crew turned up** to start building a house **on the empty lot**. The young family's five-year-old daughter naturally **took an interest** in all the activity **going on next door** and spent much of each day observing the workers.

Eventually the construction crew, all of them "**gems-in-the-rough**", more or less, adopted her as a kind of project mascot. They **chatted** with her, let her sit with them while they had coffee and lunch breaks, and **gave her little jobs** to do **here and there** to make her feel important.

At the end of the first week, they even presented her with a **pay envelope** containing ten dollars. The little girl took this home to her mother who suggested that she take her ten dollars "pay" she'd received to the bank the next day to start a **savings account**.

When the girl and her mom got to the bank, the **teller** was equally impressed and asked the little girl how she **had come by her very own pay check** at such a young age. The little girl proudly replied, "I worked last week with a real construction crew building the new house next door to us."

"Oh, **my goodness gracious**", said the teller, "and will you be working on the house again this week, too?"

The little girl replied, "**I will, if those assholes at Home Depot ever deliver the fuckin' sheet rock...**"

- ⟳ **a truly heartwarming story** ⊳ uma história verdadeiramente encantadora
- ⟳ **bond** ⊳ laço afetivo
- ⟳ **construction workers** ⊳ trabalhadores de construção civil
- ⟳ **the gift of our time** ⊳ um pouco de atenção
- ⟳ **next to a vacant lot** ⊳ ao lado de um terreno vazio
- ⟳ **a construction crew** ⊳ uma turma de pedreiros
- ⟳ **turned up** ⊳ apareceu
- ⟳ **on the empty lot** ⊳ no terreno vazio
- ⟳ **took an interest** ⊳ ficou interessada
- ⟳ **going on** ⊳ acontecendo

- ⟳ **next door** ⊳ no terreno ao lado
- ⟳ **eventually** ⊳ no final
- ⟳ **gems-in-the-rough** ⊳ pessoas boas, mas rudes (sem muita polidez)
- ⟳ **chatted** ⊳ conversavam
- ⟳ **gave her little jobs** ⊳ davam a ela pequenas tarefas
- ⟳ **here and there** ⊳ aqui e ali
- ⟳ **pay envelope** ⊳ envelope de pagamento (salário)
- ⟳ **savings account** ⊳ conta poupança
- ⟳ **teller** ⊳ caixa
- ⟳ **had come by her very own pay check** ⊳ havia ganhado o seu próprio salário
- ⟳ **my goodness gracious!** ⊳ meu Deus!
- ⟳ **I will** ⊳ eu vou sim
- ⟳ **if those assholes at Home Depot ever deliver the fuckin' sheet rock...** ⊳ se aqueles filhos da puta do depósito de material para construção da Home Depot entregarem a porra da placa de gesso.

10 **animals** | animais

The Parrot

A woman went to a pet shop and immediately **spotted** a large, beautiful parrot. **There was a sign on the cage** that said $50.00.
'Why so little?', she asked **the pet store owner**.

The owner looked at her and said, 'Look, I should tell you first that this bird **used to live** in a house of Prostitution and sometimes it says **some pretty vulgar stuff**.'
The woman thought about this, but decided she had to have the bird **any way**. She **took it home** and **hung the bird's cage up** in her living room and waited for it to say something. The bird looked around the room, then at her, and said, 'New house, new madam.'
The woman was **a bit shocked at the implication**, but then thought 'that's really not so bad.'
When her two teenage daughters returned from school the bird looked at them and said, 'New house, new **madam**, new girls.'
The girls and the woman were a bit offended, but then began to **laugh at the situation** considering how and where the parrot **had been raised**.
Moments later, the woman's husband Keith came home from work.
The bird looked at him and said, 'Hi Keith.'

- **parrot** ▸ papagaio
- **spotted** ▸ viu
- **there was a sign on the cage** ▸ tinha um etiqueta na gaiola
- **the pet store owner** ▸ o dono da loja de animais
- **used to live** ▸ vivia
- **some pretty vulgar stuff** ▸ algumas coisas bem vulgares
- **any way** ▸ mesmo assim
- **took it home** ▸ levou-o para casa
- **hung the bird's cage up** ▸ pendurou a gaiola
- **a bit shocked** ▸ um tanto surpresa
- **at the implication** ▸ com a insinuação
- **madam** ▸ dona do bordel
- **laugh at the situation** ▸ rir da situação
- **had been raised** ▸ havia sido criado

11 the elderly | idosos

The Doctor's Advice

Morris, an 82 year-old man, went to the doctor to **get a physical**. A few days later, the doctor saw Morris walking down the street with **a gorgeous young woman on his arm**.

A couple of days later, the doctor spoke to Morris and said, '**You're really doing great, aren't you?**'

Morris replied, 'Just doing what you said, Doc: '**Get a hot mamma and be cheerful**.''
The doctor said, 'I didn't say that. I said, '**You've got a heart murmur. Be careful.**'

- **advice** ▸ conselho
- **get a physical** ▸ fazer um *check-up* médico
- **a gorgeous young woman on his arm** ▸ de braço dado com uma linda moça
- **you're really doing great, aren't you?** ▸ você realmente está indo muito bem, não?
- **get a hot mamma and be cheerful** ▸ descole uma garota gostosa e se divirta
- **you've got a heart murmur; be careful** ▸ você tem sopro no coração; tenha cuidado

12 **the elderly** | idosos

Remembering Things

Couple in their nineties is both having problems remembering things. During a checkup, the doctor tells them that they're physically okay, but they **might want to start writing things down** to help them remember. Later that night, while watching TV, the old man gets up from his chair. 'Want anything while I'm in the kitchen?', he asks.
'Will you get me a bowl of ice cream?'
'Sure.'
'Don't you think you should write it down so you can remember it?', she asks.
'No, I can remember it.'
'Well, **I'd like some strawberries on top, too**. Maybe you should write it down, **so's not to forget it**?'
He says, 'I can remember that. You want a bowl of ice cream with strawberries.

Sorria, você está praticando inglês! • **27**

'**I'd also like whipped cream**. I'm certain you'll forget that, write it down!', she tells him.

Irritated, he says, 'I don't need to write it down, I can remember it! Ice cream with strawberries and whipped cream - **I got it**, **for goodness sake!**' Then he **toddles into the kitchen**. After about 20 minutes, the old man returns from the kitchen and **hands his wife a plate of bacon and eggs**. She **stares at the plate** for a moment and then asks, '**Where's my toast?**'

- ↻ **couple in their nineties** ‣ um casal na casa dos noventa anos
- ↻ **might want to start writing things down** ‣ talvez poderiam começar a anotar as coisas
- ↻ **will you get me a bowl of ice cream?** ‣ dá para você me trazer uma tigela de sorvete?
- ↻ **sure** ‣ claro
- ↻ **I'd like some strawberries on top, too** ‣ eu gostaria de alguns morangos por cima, também
- ↻ **so's not to forget it** ‣ só para não esquecer
- ↻ **I'd also like whipped cream** ‣ eu também gostaria de chantili
- ↻ **I got it, for goodness sake!** ‣ eu já entendi, caramba!
- ↻ **toddles into the kitchen** ‣ vai até a cozinha caminhando bem devagar
- ↻ **hands his wife a plate of bacon and eggs** ‣ entrega para a esposa um prato de bacon com ovos
- ↻ **stares at the plate** ‣ olha para o prato fixamente
- ↻ **where's my toast?** ‣ onde estão as minhas torradas?

13 **marriage, death** | casamento, morte

Spelling to Get into Heaven

A woman arrived at **the Gates of Heaven**. While she was waiting for Saint Peter to **greet her**, she **peeked through the gates.**
She saw a beautiful banquet table. Sitting all around were her **parents** and all the other people she had loved and who had died before her. They saw her and **began calling greetings to her** "Hello, how are you? We've been waiting for you! Good to see you."
When Saint Peter **came by**, the woman said to him, "This is such a wonderful place! **How do I get in?**" "You have to spell a word,"
Saint Peter told her.
"Which word?" the woman asked.
"Love."
The woman correctly spelled "Love" and Saint Peter **welcomed her into Heaven**.
About a year later, Saint Peter came to the woman and asked her to watch the Gates of Heaven for him that day.
While the woman was guarding the Gates of Heaven, her **husband** arrived.
"I'm surprised to see you," the woman said. "**How have you been?**"
"**Oh, I've been doing pretty well since you died**," her husband told her.
"I married **the beautiful young nurse who took care of you while you were ill**. And then I **won the multi-state lottery**. I sold the little house you and I lived in and **bought a huge mansion**. And my **wife** and I traveled **all around the world**. We were **on vacation in Cancun** and I **went water skiing** today. I **fell and hit my head**, and here I am. **What a bummer!**

How do I get in?"

"You have to spell a word," the woman told him.

"Which word?", her husband asked.

"Czechoslovakia."

- **spelling to get into heaven** ▸ soletrando para entrar no céu
- **the Gates of Heaven** ▸ os Portões do Paraíso
- **greet** ▸ recebê-la
- **peeked through the gates** ▸ espiava pelos portões
- **parents** ▸ pais (pai e mãe)
- **began calling greetings to her** ▸ começaram a dar as boas vindas a ela
- **came by** ▸ quando São Pedro chegou
- **how do I get in?** ▸ como é que eu faço para entrar?
- **welcomed her into Heaven** ▸ deu-lhe as boas vindas ao Paraíso
- **husband** ▸ marido

- ⟳ **how have you been?** ‣ como é que você tem passado?
- ⟳ **oh, I've been doing pretty well since you died** ‣ ah, eu estou muito bem desde que você faleceu
- ⟳ **the beautiful young nurse who took care of you** ‣ aquela enfermeira linda e jovem que cuidou de você
- ⟳ **while you were ill** ‣ quando você estava doente
- ⟳ **won the multi-state lottery** ‣ acertei na loteria federal
- ⟳ **bought a huge mansion** ‣ comprei uma mansão enorme
- ⟳ **wife** ‣ esposa
- ⟳ **all around the world** ‣ pelo mundo todo
- ⟳ **were on vacation in Cancun** ‣ estávamos em férias em Cancún
- ⟳ **went water skiing** ‣ fui fazer ski aquático
- ⟳ **fell and hit my head** ‣ caí e bati a cabeça
- ⟳ **what a bummer!** ‣ que droga!

14 relationships, sex |
relacionamentos, sexo

The Wedding Test

I was a very happy man. My wonderful girlfriend and I **had been dating for over a year**, and so we **decided to get married. There was only one little thing bothering me**... it was her beautiful younger sister. My **prospective sister-in-law was twenty-two**, **wore very tight miniskirts**, and generally **was bra-less**. She **would regularly bend down**

Sorria, você está praticando inglês! • **31**

when she was near me, and I always got more than a nice view. **It had to be deliberate** because she never did it when she was near anyone else.
One day her 'little' sister called and **asked me to come over to check the wedding invitations**. She was alone when I arrived, and she **whispered to me** that she **had feelings and desires for me that she couldn't overcome**. She told me that she wanted me just once before I got married and **committed my life to her sister**.
Well, **I was in total shock**, and couldn't say a word. She said, 'I'm going upstairs to my bedroom, and if you want **one last wild fling**, **just come up and get me**.'
I was stunned and frozen in shock as I watched her go up the stairs. I **stood there** for a moment, **then turned and made a beeline straight to the front door**.
I opened the door, and **headed straight towards my car. Lord... and behold!**, my entire future family **was standing outside, all clapping**! **With tears in his eyes**, **my father-in-law hugged me** and said, 'We are very happy that you have passed our little test. We couldn't ask for a better man for our daughter. Welcome to the family.'
And the moral of this story is: **Always keep your condoms in your car**.

- ↪ **the wedding test** ⊱ o teste para se casar
- ↪ **had been dating for over a year** ⊱ estávamos namorando a mais de um ano
- ↪ **decided to get married** ⊱ decidimos nos casar
- ↪ **there was only one little thing bothering me** ⊱ só tinha uma coisinha me incomodando
- ↪ **prospective sister-in-law was twenty-two** ⊱ futura cunhada tinha vinte e dois anos

- **wore very tight miniskirts** ▸ usava minissaia bem justa
- **was bra-less** ▸ ficava sem sutiã
- **would regularly bend down** ▸ se abaixava com frequência
- **it had to be deliberate** ▸ só podia ser de propósito
- **asked me to come over** ▸ pediu-me para ir até a casa deles
- **to check the wedding invitations** ▸ para dar uma olhada nos convites de casamento
- **whispered to me** ▸ falou bem baixinho no meu ouvido
- **had feelings and desires for me** ▸ tinha uma atração e desejo por mim
- **that she couldn't overcome** ▸ que ela não estava conseguindo conter
- **committed my life to her sister** ▸ dedicasse a minha vida à irmã dela
- **I was in total shock** ▸ eu fiquei pasmo
- **one last wild fling** ▸ um último ato de loucura
- **just come up and get me** ▸ é só subir para o meu quarto e me possuir
- **I was stunned and frozen in shock** ▸ eu fiquei atordoado e paralisado
- **stood there** ▸ fiquei parado lá
- **then turned and made a beeline straight to the front door** ▸ aí virei e fui direto em direção à porta da frente
- **headed straight towards my car** ▸ fui direto na direção do carro
- **Lord... and behold!** ▸ meu Deus do céu!
- **was standing outside** ▸ estava parada do lado de fora
- **all clapping** ▸ todos batendo palmas
- **with tears in his eyes** ▸ com lágrimas nos olhos
- **my father-in-law hugged me** ▸ meu sogro me abraçou
- **always keep your condoms in your car** ▸ sempre guarde as camisinhas no carro

15 **work, money** | trabalho, dinheiro

The Poor Farmer

A man **owned a small farm** in North Carolina. **The North Carolina Wage Office & Hours Department claimed** he **was not paying proper wages to his help** and sent an agent out to investigate.

"I need a list of your **employees** and how much you pay them," **demanded** the Agent.

"Well," replied the farmer, "there's my **farm hand** who's been with me for 3 years. I pay him $400.00 a week **plus free room and board**. **The cook** has been here for 18 months, and I pay her $300.00 per week plus free room and board.

Then there's the half-wit. He works about 18 hours every day and does about 90% of all the work around here. He **makes about $10.00 a week**,

pays his own room and board, and I buy him **a bottle of Bourbon** every Saturday night. He also sleeps with my wife occasionally."

"**That's the guy I want to talk to**......the half-wit," says the Agent.

"**That would be me**," replied the farmer.

- ↻ **the poor farmer** ▸ o pobre fazendeiro
- ↻ **owned a small farm** ▸ tinha um pequeno sítio
- ↻ **the North Carolina Wage Office & Hours Department** ▸ o Departamento de Supervisão de Horas e Remunerações salariais da Carolina do Norte
- ↻ **claimed** ▸ alegou
- ↻ **was not paying proper wages** ▸ não estava pagando salários adequados
- ↻ **to his help** ▸ para os seus empregados
- ↻ **employees** ▸ funcionários
- ↻ **demanded** ▸ exigiu
- ↻ **farm hand** ▸ peão
- ↻ **plus free room and board** ▸ além de alojamento e comida
- ↻ **the cook** ▸ a cozinheira
- ↻ **then there's the half-wit** ▸ ah, tem também o otário
- ↻ **makes about $10.00** ▸ tira por volta de $10,00
- ↻ **a week** ▸ por semana
- ↻ **a bottle of Bourbon** ▸ uma garrafa de Bourbon (uísque)
- ↻ **that's the guy I want to talk to** ▸ esse é o cara com quem eu quero falar
- ↻ **that would be me** ▸ esse sou eu

16 **life** | a vida

And God Created Man

On the first day, God created the dog and said: 'Sit all day by the door of your house and **bark at anyone who comes in or walks past**. For this, I will give you **a life span of twenty years**.'

The dog said: 'That's a long time to be barking. **How about** only ten years and I'll give you back the other ten?'

So God agreed.

On the second day, God created the monkey and said:

'**Entertain people**, **do tricks**, and **make them laugh**. For this, I'll give you a twenty-year life span.'

The monkey said: 'Monkey tricks for twenty years? That's a pretty long time to perform. How about I give you back ten like the Dog did?'

And God agreed.

On the third day, God created the cow and said:

'You must **go into the field** with the farmer all day long and **suffer under the sun**, **have calves** and give milk to **support the farmer's family**. For this, I will give you a life span of sixty years.'

The cow said: '**That's kind of a tough life** you want me to live for sixty years. How about twenty and I'll give back the other forty?'

And God agreed again.

On the fourth day, God created man and said:

'Eat, sleep, play, marry and **enjoy your life**. For this, I'll give you twenty years.'

But man said: 'Only twenty years? Could you possibly give me my twenty, the forty the cow gave back, the ten the monkey gave back, and the ten the dog gave back; that makes eighty, okay?'

'Okay,' said God, '**You asked for it**.'

So that is why for our first twenty years we eat, sleep, play and enjoy ourselves. For the next forty years we **slave in the sun** to support our family. For the next ten years we do monkey tricks to entertain the grandchildren. And for the last ten years we sit **on the front porch** and bark at everyone. **Life has now been explained to you.**

- ↻ **and God created man** ⊳ e Deus criou o homem
- ↻ **bark at anyone** ⊳ latir para qualquer pessoa
- ↻ **who comes in** ⊳ que entrar
- ↻ **or walks past** ⊳ ou passar por perto
- ↻ **a life span of twenty years** ⊳ uma expectativa de vida de vinte anos
- ↻ **how about...?** ⊳ que tal...?
- ↻ **so God agreed** ⊳ então Deus concordou
- ↻ **entertain people** ⊳ divirta as pessoas
- ↻ **do tricks** ⊳ faça brincadeiras
- ↻ **make them laugh** ⊳ faça-os rir
- ↻ **go into the field** ⊳ ir para o pasto
- ↻ **suffer under the sun** ⊳ sofrer embaixo de sol
- ↻ **have calves** ⊳ dar cria
- ↻ **support the farmer's family** ⊳ manter a família do fazendeiro
- ↻ **that's kind of a tough life** ⊳ essa é uma vida muito difícil
- ↻ **enjoy your life** ⊳ curta a vida
- ↻ **you asked for it** ⊳ você foi quem pediu

slave ❧ trabalhar feito um escravo
on the front porch ❧ na varanda da frente da casa
life has now been explained to you ❧ é assim que se explica a vida

17 **marriage, sex** | casamento, sexo

The Fishing Trip

Dave and his **buddies** were **hanging out** and planning **an upcoming fishing trip. Unfortunately**, he had to tell them that he couldn't go this time because his wife **wouldn't let him**. After a lot of **teasing** and **name calling**, Dave **headed home** frustrated.

The following week when Dave's buddies arrived at the lake they were shocked to see Dave. He was already **sitting on the dock, fishing rod in hand**, and drinking a beer.

His buddies asked, "**How did you talk your missus into letting you go, Dave?**" Dave replied. "Last night I came home and **slumped down in my chair** with a beer to **drown my sorrows** thinking how much I wanted to **go fishing**. Then the **ol' lady snuck up behind me** and covered my eyes and said, 'Surprise'.

When I **peeled her hands back** she was standing there in a beautiful **see-through negligee** and she said, "Carry me into the bedroom and **tie me to the bed** and you can do whatever you want'......

SO I DID AND HERE I AM!

- **buddies** » amigos
- **hanging out** » curtindo
- **an upcoming fishing trip** » uma futura pescaria
- **unfortunately** » infelizmente
- **wouldn't let him** » não queria deixá-lo ir
- **teasing and name calling** » zoeira e gozação
- **headed home** » foi para casa
- **sitting on the dock** » sentado no cais (à beira do rio)
- **fishing rod in hand** » uma vara de pescar na mão
- **how did you talk your missus into letting you go, Dave?** » como você convenceu a sua patroa deixá-lo ir, Dave?
- **slumped down in my chair** » desmoronei na cadeira
- **drown my sorrows** » afogar as minhas lágrimas
- **go fishing** » ir pescar
- **ol' lady** » a patroa
- **snuck up behind me** » chegou de mansinho por trás de mim
- **peeled her hands back** » retirei as mãos dela
- **see-through negligee** » camisola transparente
- **tie me to the bed** » amarre-me na cama
- **so I did and here I am!** » foi o que eu fiz e aqui estou eu!

18 **religion, priests** | religião, padres

The Confessional

A Catholic guy goes into the **confessional box**. He notices on one side **a fully equipped bar with Guinness on tap**. On the other wall is **a dazzling array of the finest Cuban cigars**. Then the priest comes in. "Father, forgive me, for it's been a very long time since I've been to confession, but I must first admit that the confessional box is much more **inviting** these days."
The priest replies "**Get out. You're on my side**."

- ⟳ **confessional box** ▸ confessionário
- ⟳ **a fully equipped bar** ▸ um barzinho totalmente equipado
- ⟳ **with Guinness on tap** ▸ com chope Guinness (marca tradicional irlandesa)
- ⟳ **a dazzling array of the finest Cuban cigars** ▸ uma coleção impressionante dos mais finos charutos cubanos
- ⟳ **inviting** ▸ convidativo
- ⟳ **get out** ▸ cai fora
- ⟳ **you're on my side** ▸ você está no meu lado

19 **elderly** | idosos

The Trophy Wife

Bob, a 70-year-old, extremely **wealthy widower**, **shows up at the Country Club** with a **breathtakingly beautiful** and very sexy 25-year-old blonde-haired woman **who knocks everyone's socks off** with her **youthful sex appeal** and charm and who **hangs over Bob's arm** and **listens intently** to his every word. His **buddies** at the club are all **aghast**. At the very first chance, they **corner him** and ask, 'Bob, **how'd you get the trophy girlfriend?**' Bob replies, 'Girlfriend? She's my wife!' **They are knocked over**, but continue to ask. 'So, how'd you persuade her to marry you?' '**I lied about my age**', Bob replies. 'What, did you tell her you were only 50?' Bob smiles and says, 'No, I told her I was 90.'

- ⟳ **the trophy wife** ‣ a esposa avião
- ⟳ **wealthy widower** ‣ viúvo cheio da grana
- ⟳ **shows up at the Country Club** ‣ aparece no Clube de Campo
- ⟳ **breathtakingly beautiful** ‣ linda de morrer
- ⟳ **who knocks everyone's socks off** ‣ que deixa todos de queixo caído
- ⟳ **youthful sex appeal** ‣ sensualidade jovem
- ⟳ **hangs over Bob's arm** ‣ anda de braços dados com o Bob
- ⟳ **listens intently** ‣ escuta atentamente
- ⟳ **buddies** ‣ amigos
- ⟳ **aghast** ‣ atônitos
- ⟳ **corner him** ‣ o cercam
- ⟳ **how'd you get the trophy girlfriend?** ‣ como você descolou essa gata?

- ⟳ **they are knocked over** ▸ eles caem de costa
- ⟳ **I lied about my age** ▸ eu menti sobre a minha idade

20 **religion, preachers** | religião, pastores

The Offering Plate

A man went to church one day and **afterward** he stopped to **shake the preacher's hand**. He said, 'Preacher, **I'll tell you, that was a damned fine sermon**. Damned good!'

The preacher said, 'Thank you sir, but **I'd rather you didn't use profanity.**'

The man said, 'I was so damned **impressed** with that sermon that I put five thousand dollars in the **offering plate**!'

The preacher said, '**No shit?**'

- ⟳ **the offering plate** ▸ a sacolinha (onde se coloca doações em dinheiro)
- ⟳ **afterward** ▸ depois
- ⟳ **shake the preacher's hand** ▸ cumprimentar o pastor
- ⟳ **I'll tell you...** ▸ cá entre nós,...
- ⟳ **that was a damned fine sermon** ▸ aquela pregação sua foi boa pra cacete
- ⟳ **I'd rather you didn't use profanity** ▸ eu preferiria que o senhor não usasse palavras profanas
- ⟳ **impressed** ▸ encantado
- ⟳ **No shit?** ▸ Puta que pariu!

21 men vs. women | homens vs. mulheres

How to Tell the Sex of a Fly

A woman walked into the kitchen to find her husband standing around with a **fly swatter.**

"What are you doing?" She asked.

"**Hunting flies**", he responded.

"Oh! **Killing any?**", she asked.

"**Yep, 3 males, 2 females,**" he replied.

Intrigued, she asked. "**How can you tell them apart?**"

He responded, "3 were on a **beer can**, 2 were on the phone!"

- ⟳ **how to tell the sex of a fly** ⟫ como descobrir o sexo de uma mosca
- ⟳ **fly swatter** ⟫ mata-moscas
- ⟳ **hunting flies** ⟫ caçando moscas
- ⟳ **killing any?** ⟫ já matou alguma?
- ⟳ **yep, 3 males, 2 females** ⟫ sim, 3 machos, 2 fêmeas
- ⟳ **how can you tell them apart?** ⟫ como você sabe a diferença entre elas?
- ⟳ **beer can** ⟫ lata de cerveja

22 **politics** | política

The Lie Clock

A man died and went to **heaven. As he stood in front of St. Peter's desk at the Pearly Gates,** he saw **a huge wall of clocks** behind him.
He asked, "What are all those clocks there for?"
St. Peter answered, "Those are Lie Clocks. Everyone **on Earth** has a Lie Clock. Every time you lie **the hands on your clock will move**."
"Oh," said the man, "whose clock is that?"
"That's Mother Teresa's. The hands have never moved, indicating that she never told a lie."
"Incredible," said the man. "And whose clock is that one?"

St. Peter responded, "That's George Washington's clock. The hands have moved twice, telling us that Washington told only two lies in his entire life." "Where's George Bush's clock?" asked the man. "Bush's clock is in Jesus' office. He's using it **as a ceiling fan**."

- **the lie clock** ⇝ o relógio da mentira
- **heaven** ⇝ céu
- **as he stood in front of St. Peter's desk** ⇝ quando estava à frente da mesa de São Pedro
- **at the Pearly Gates** ⇝ nos Portões do Paraíso
- **a huge wall of clocks** ⇝ uma enorme parede de relógios
- **on Earth** ⇝ na Terra (planeta)
- **the hands on the clock move** ⇝ os ponteiros do relógio se movem
- **as a ceiling fan** ⇝ como ventilador de teto

23 **marriage, death** | casamento, morte

The Orbituaries

Gordon died. So Susan went to the **local paper to put a notice** in the obituaries. The gentleman **at the counter**, after **offering his condolences**, asked Susan what she would like to say about Gordon. Susan replied, "**You just put, 'Gordon died'**."

The gentleman, **somewhat perplexed**, said, **"That's it?** Just, "Gordon died?"
Surely, there must be something more you'd like to say about Gordon.
If it's money you're concerned about, the first five words are free. We
really should say something more."
So Susan **pondered for a few minutes** and finally said, "O.K., then. You
put 'Gordon died. **Sailboat for sale**."

- **the obituaries** ‣ o obituário (seção de anúncio de falecimentos no jornal)
- **local paper** ‣ jornal local
- **to put a notice** ‣ para colocar um comunicado
- **at the counter** ‣ no balcão
- **offering his condolences** ‣ expressar suas condolências
- **you just put, 'Gordon died'** ‣ coloca aí, 'O Gordon morreu'
- **somewhat perplexed** ‣ um tanto quanto perplexo
- **that's it?** ‣ só isso?
- **surely** ‣ com certeza
- **if it's money you're concerned about...** ‣ se a preocupação for com dinheiro...
- **pondered for a few minutes** ‣ refletiu por alguns minutos
- **sailboat for sale** ‣ vendo um veleiro

24 relationships, sex |
relacionamentos, sexo

The Pharmacist

A boy just started **going out with a girl** that he really liked. The girl said he was going to meet her **parents**. And **if all went well**, **he would get lucky...** so the boy thought "if I'm gonna get lucky, I should **get some condoms**."

So he went to a pharmacy to **get a pack**. When he was at the girl's house that night, they **bowed their heads in prayer**. And even **when they were done**, the boy **kept his head down**. So the girl said, "I didn't know you were so religious..."

The boy responded, "I didn't know your dad was a pharmacist..."

- **the pharmacist** ‣ o farmacêutico
- **going out with a girl** ‣ sair com uma garota
- **parents** ‣ pais (pai e mãe)
- **if all went well** ‣ se tudo corresse bem
- **he would get lucky** ‣ ele teria uma bela surpresa
- **get some condoms** ‣ comprar umas camisinhas
- **get a pack** ‣ comprar uma caixa (de camisinhas)
- **bowed their heads in prayer** ‣ abaixaram a cabeça em oração
- **when they were done** ‣ quando eles terminaram
- **kept his head down** ‣ permaneceu com a cabeça abaixada

25 play on words, psychiatrists |
brindadeira com palavras, psiquiatras

How Many Psychiatrists...

How many psychiatrists does it take to change a light bulb?
Answer: Only one, but the light bulb has to WANT to change.

- **how many psychiatrists does it take...?** ‣ quantos psiquiatras são necessários...?
- **to change a light bulb** ‣ para trocar uma lâmpada

26 **politics** | política

A Harley Rider

A Harley rider is passing the zoo, when he sees a little girl **leaning into the lion's cage**.
Suddenly, the lion **grabs her by the cuff of her jacket** and tries to **pull her inside to slaughter her, under the eyes of her screaming parents**. The biker **jumps off his bike**, runs to the cage and **hits the lion square on the nose with a powerful punch**.

Whimpering from the pain the lion jumps back **letting go of the girl**, and the biker brings her to her terrified parents, **who thank him endlessly**.
A New York Times reporter has watched the whole event. The reporter says, 'Sir, **this was the most gallant and brave thing** I've ever seen a man do in my whole life...'

The biker replies, '**Why, it was nothing, really,** the lion was **behind bars**. I just saw this little kid in danger, and **acted as I felt right**.'

The reporter says, 'Well, I'm a journalist from the New York Times, and **tomorrow's paper** will have this story **on the front page**... So, what do you do for a living and what political affiliation do you have?'

The biker replies, 'I'm a **U.S. Marine** and a **Republican**.'

The following morning the biker buys **The New York Times** to see if it **indeed** brings news of his actions, and reads, on front page:

"U.S. MARINE **ASSAULTS** AFRICAN IMMIGRANT AND **STEALS HIS LUNCH**"

- ⮌ **a Harley rider** ▹ um motociclista de uma *Harley Davidson* (marca tradicional de moto)
- ⮌ **leaning into the lion's cage** ▹ se inclinando para dentro da jaula do leão
- ⮌ **suddenly** ▹ de repente
- ⮌ **grabs her** ▹ agarra-a
- ⮌ **by the cuff of her jacket** ▹ pela manga da jaqueta
- ⮌ **pull her inside** ▹ puxá-la para dentro
- ⮌ **to slaughter her** ▹ para estraçalhá-la
- ⮌ **under the eyes of her screaming parents** ▹ sob o olhar de seus pais aos gritos
- ⮌ **jumps off his bike** ▹ pula da moto
- ⮌ **hits the lion square on the nose** ▹ golpeia o leão bem no meio do nariz
- ⮌ **with a powerful punch** ▹ com um poderoso soco

- **whimpering from the pain** ▹ gemendo de dor
- **letting go of the girl** ▹ soltando a menina
- **who thank him endlessly** ▹ que o agradecem sem parar
- **this was the most gallant and brave thing** ▹ esta foi a coisa mais heroica e corajosa
- **why, it was nothing, really** ▹ ora, não foi nada de mais, na verdade
- **behind bars** ▹ atrás das grades
- **acted as I felt right** ▹ agi da maneira que achei correta
- **tomorrow's paper** ▹ o jornal de amanhã
- **on the front page** ▹ na primeira página
- **so, what do you do for a living?** ▹ então, qual é a sua profissão?
- **what political affiliation do you have?** ▹ qual a sua filiação partidária?
- **U.S. Marine** ▹ fuzileiro naval (do exército dos Estados Unidos)
- **Republican** ▹ simpatizante do Partido Conservador Republicano
- **The New York Times** ▹ jornal americano (historicamente simpatizante do Partido Democrata)
- **indeed** ▹ realmente
- **assault** ▹ atacar
- **steals his lunch** ▹ roubar o seu almoço

27 **blondes** | loiras

The Blind Cowboy

An old, blind cowboy **wanders into an all-girl biker bar by mistake**. He **finds his way to a bar stool** and **orders some coffee**.
After sitting there for a while, he **yells to the waiter**, 'Hey, you wanna hear a blonde joke?'
The bar immediately **falls absolutely silent**. In a very deep, **husky voice**, the woman next to him says, 'Before you tell that joke, Cowboy, **I think it is only fair**, **given that** you are blind, that you should know five things:

1. The bartender is a blonde girl with a **baseball bat**.
2. The **bouncer** is a blonde girl.
3. I'm a 6-foot tall, 175-pound blonde woman with a **black belt in karate**.
4. The woman sitting next to me is blonde and a **professional weightlifter**.
5. The lady to your right is blonde and a **professional wrestler**.
   'Now, think about it seriously, Mister. Do you still wanna tell that joke?'

The blind cowboy thinks for a second, **shakes his head**, and **mutters**, **'Nah..., not if I'm gonna have to explain it five times.'**

- ⟳ **the blind cowboy** ▸ o *cowboy* cego
- ⟳ **wanders into an all-girl biker bar** ▸ entra num bar só para motociclistas mulheres
- ⟳ **by mistake** ▸ por engano
- ⟳ **finds his way to a bar stool** ▸ consegue chegar até uma banqueta ao lado do balcão
- ⟳ **orders some coffee** ▸ pede um café
- ⟳ **yells to the waiter** ▸ grita para o garçom
- ⟳ **hey, you wanna hear a blonde joke?** ▸ aí, você quer ouvir uma piada de loira?
- ⟳ **falls absolutely silent** ▸ fica em absoluto silêncio
- ⟳ **husky voice** ▸ voz rouca
- ⟳ **I think it is only fair** ▸ eu acho que é justo
- ⟳ **given that** ▸ visto que
- ⟳ **baseball bat** ▸ taco de beisebol
- ⟳ **bouncer** ▸ segurança, leão de chácara (pessoa)
- ⟳ **black belt in karate** ▸ faixa preta de caratê
- ⟳ **professional weightlifter** ▸ levantadora de peso profissional
- ⟳ **professional wrestler** ▸ lutadora de solo profissional
- ⟳ **shakes his head** ▸ balança a cabeça (em sinal negativo)
- ⟳ **mutters** ▸ resmunga
- ⟳ **nah..., not if I'm gonna have to explain it five times** ▸ não..., não se eu tiver que explicar a piada cinco vezes.

Sorria, você está praticando inglês! • **53**

28 **men vs. women |**
homens vs. mulheres

Understanding Women

I know I'm not going to understand women.
I'll never understand how you can **take boiling hot wax, pour it onto your upper thigh, rip the hair out by the root, and still be afraid of a spider**.

- ⟳ **understanding women** ⊳ como entender as mulheres
- ⟳ **take boiling hot wax** ⊳ pegar cera pelando de quente
- ⟳ **pour it onto your upper thigh** ⊳ despejá-la em cima da parte superior da coxa
- ⟳ **rip the hair out by the root** ⊳ arrancar os pelos pela raiz
- ⟳ **and still** ⊳ e ainda assim
- ⟳ **be afraid of a spider** ⊳ ter medo de uma aranha

29 **business** | negócios

Counting Sheep

An **accountant** is **having a hard time sleeping** and goes to see his doctor.

"Doctor, I just **can't get to sleep** at night."
"**Have you tried counting sheep?**"
"That's the problem - I **make a mistake** and then spend three hours trying to find it."

- **counting sheep** ▸ contar carneirinhos
- **accountant** ▸ contador
- **having a hard time sleeping** ▸ tendo dificuldades para dormir
- **can't get to sleep** ▸ não consigo pegar no sono
- **have you tried...?** ▸ você já tentou...?
- **make a mistake** ▸ cometo um erro

Sorria, você está praticando inglês! • **55**

30 relationships, health |
relacionamentos, saúde

Health Care

"May I please speak to Weldon's wife?"
"Speaking."

"Hello, **this is** Dr. Jones at Scripps Laboratory. When your husband's doctor sent his biopsy to the lab last week, a biopsy from another man named Weldon arrived **as well**. We are now uncertain which one **belongs to your husband. Frankly**, **either way** the results are not too good."

"**What do you mean?**", Weldon's wife asks nervously.

"Well, one of the specimens **tested positive for Alzheimer's** and the other one tested positive for HIV. We **can't tell which is which**."

"**That's dreadful!** Can you please do the test again?"

"Normally we can, but the new **health care system** will only pay for these expensive tests just one time."

"Well, **what am I supposed to do now?**"

"**The folks at Obamacare** recommend that you **drop your husband off somewhere in the middle of town. If he finds his way home**, don't sleep with him.

- ↻ **health care** ▸ sistema de saúde
- ↻ **speaking** ▸ é ela mesma
- ↻ **this is** ▸ aqui é
- ↻ **as well** ▸ também
- ↻ **belongs to your husband** ▸ pertence ao seu marido

- ⟳ **frankly** ▸ para falar a verdade
- ⟳ **either way** ▸ de qualquer forma
- ⟳ **what do you mean?** ▸ como assim?
- ⟳ **tested positive for Alzheimer's** ▸ deu positivo com a doença de Alzheimer
- ⟳ **can't tell which is which** ▸ não sabemos qual é qual
- ⟳ **that's dreadful!** ▸ isso é terrível!
- ⟳ **health care system** ▸ sistema de saúde
- ⟳ **what am I supposed to do now?** ▸ o que é que eu faço agora?
- ⟳ **the folks at Obamacare** ▸ o pessoal do Obamacare (apelido dado à proposta de mudança de Barack Obama no sistema público de saúde)
- ⟳ **drop your husband off somewhere** ▸ deixe o seu marido em algum lugar
- ⟳ **in the middle of town** ▸ em algum lugar no centro da cidade
- ⟳ **if he finds his way home** ▸ se ele encontrar o caminho de casa

31 gay

The Rancher

A successful rancher died and left everything to his devoted wife. She was a very good-looking woman and determined to **keep the ranch**, but knew very little about ranching, so she decided to **place an ad in the newspaper** for a **ranch hand**.

Two cowboys **applied for the job**. One was gay and the other a **drunk**.

She **thought long and hard about it**, and when no one else applied she decided to **hire** the gay guy, **figuring** it would be safer to have him around the house than the drunk.

He proved to be a hard worker who **put in long hours every day** and knew a lot about ranching.

For weeks, the two of them worked, and the ranch was **doing very well**. Then one day, **the rancher's widow** said to the hired hand:

'You have done a really good job, and the ranch looks great. You should **go into town** and **kick up your heels**.' The hired hand **readily agreed** and went into town one Saturday night.

One o'clock came, however, and he didn't return. Two o'clock and no hired hand.

Finally, he returned around two-thirty, and upon entering the room, he found the rancher's widow sitting **by the fireplace** with **a glass of wine**, waiting for him. She quietly called him over to her.

'**Unbutton my blouse** and **take it off**, she said. **Trembling**, he did as she directed. 'Now take off my **boots**.' He did as she asked, **ever so slowly**. 'Now take off my **socks**.' He removed each gently and placed them **neatly** by her boots. 'Now take off my **skirt**.' He slowly unbuttoned it, constantly watching her eyes in the fire light.

'Now take off my **bra**.' Again, with trembling hands, he **did as he was told** and **dropped it to the floor**. Then she looked at him and said, '**If you ever wear my clothes into town again, you're fired**.'

- **the rancher** ▸ a fazendeira
- **keep the ranch** ▸ continuar com a fazenda
- **place an ad in the newspaper** ▸ colocar um anúncio no jornal
- **ranch hand** ▸ peão
- **applied for the job** ▸ candidataram-se para o emprego
- **drunk** ▸ bebum
- **thought long and hard about it** ▸ pensou bastante sobre o assunto
- **hire** ▸ contratar
- **figuring** ▸ imaginando
- **put in long hours every day** ▸ trabalhava até mais tarde todos os dias
- **doing very well** ▸ indo muito bem
- **the rancher's widow** ▸ a viúva do fazendeiro
- **go into town** ▸ ir para a cidade
- **kick up your heels** ▸ se divertir
- **readily agreed** ▸ concordou na hora
- **by the fireplace** ▸ ao lado da lareira
- **a glass of wine** ▸ uma taça de vinho
- **unbutton my blouse** ▸ desabotoe a minha blusa

- **take it off** ▸ tire-a
- **trembling** ▸ tremendo
- **boots** ▸ botas
- **ever so slowly** ▸ bem devagarinho
- **socks** ▸ meias
- **neatly** ▸ delicadamente
- **skirt** ▸ saia
- **bra** ▸ sutiã
- **did as he was told** ▸ fez o que ela mandava
- **dropped it to the floor** ▸ soltou-o no chão
- **if you ever wear my clothes into town again** ▸ se você vestir as minhas roupas para ir para a cidade novamente
- **you're fired** ▸ você está demitido

32 **marriage, sex** | casamento, sexo

The Weather Was Terrible

Saturday morning I **got up early**, quietly dressed, **made my lunch**, **grabbed the dog**, and **slipped** quietly **into the garage**.
I **hooked up the boat up to the truck**, and proceeded to **back out** into a **torrential downpour**.
The wind was blowing 50 mph, so I **pulled back into the garage**, turned on the radio, and discovered that the **weather** would be bad all day.
I went back into the house, quietly undressed, and slipped back into bed.

I **cuddled up to my wife's back**, now with a different anticipation, and **whispered**, 'The weather out there is terrible.'

My loving wife of 10 years replied, '**Can you believe my stupid husband is out fishing in that?**'

- **the weather was terrible** ▸ o tempo estava feio
- **got up early** ▸ levantei cedo
- **made my lunch** ▸ preparei o meu almoço
- **grabbed the dog** ▸ peguei o cachorro
- **slipped quietly into the garage** ▸ entrei de fininho na garagem
- **hooked up the boat up to the truck** ▸ engatei o barco na caminhonete
- **back out** ▸ dar ré
- **torrential downpour** ▸ pé d'água fenomenal
- **pulled back into the garage** ▸ coloquei a caminhonete de volta na garagem
- **weather** ▸ tempo (clima)
- **cuddled up to my wife's back** ▸ me aconcheguei nas costas da minha mulher
- **whispered** ▸ falei bem baixinho
- **can you believe my stupid husband is out fishing in that?** ▸ você acredita que o idiota do meu marido saiu para pescar com esse tempo?

Sorria, você está praticando inglês! • **61**

33 children, animals | crianças, animais

Stutter

A teacher is explaining biology to her **4th grade students**.
'Human beings are the only animals that **stutter**,' she says.
A little girl raises her hand. 'I had a **kitty-cat** who stuttered.'
The teacher, knowing how precious some of these stories could become,
asked the girl to describe the incident.
'Well', she began, 'I was in the back yard with my kitty and the Rottweiler
that lives next door **got a running start** and **before we knew it**, he
jumped over the fence into our yard!'
'**That must've been scary**,' said the teacher.
'**It sure was**,' said the little girl. 'My kitty **raised her back**, **went Sssss,
Sssss, Sssss**' and **before she could say 'Shit!', the Rottweiler ate her!**

- ⮌ **stutter** ⯈ gagueira
- ⮌ **4th grade students** ⯈ alunos da 4ª série
- ⮌ **animals that stutter** ⯈ animais que gaguejam
- ⮌ **kitty-cat** ⯈ gatinha
- ⮌ **got a running start** ⯈ saiu em disparada
- ⮌ **before we knew it** ⯈ numa fração de segundos
- ⮌ **jumped over the fence** ⯈ pulou por cima da cerca
- ⮌ **that must've been scary** ⯈ isso deve ter sido assustador
- ⮌ **it sure was** ⯈ e como foi
- ⮌ **raised her back** ⯈ empinou-se todo
- ⮌ **went Sssss, Sssss, Sssss** ⯈ fez Sssss, Sssss, Sssss (imitando o som)

- **before she could say 'Shit!'** ▸ antes que ela pudesse dizer '*Shit!*' (Merda!)
- **the Rottweiler ate her** ▸ o *Rottweiler* a engoliu

34 **blondes** | loiras

The Neighbor's Dog

A blonde and her husband are **lying in bed** listening to **the next door neighbor's dog**. It has been in the **backyard barking** for hours and hours.
The blonde **jumps up out of bed** and says, "**I've had enough of this!**" She goes downstairs.
The blonde finally comes back up to bed and her husband says, "The dog is still barking; what have you been doing?"
The blonde says, "**I put the dog in our backyard… Let's see how THEY like it…**"

- ➲ **the neighbor's dog** ▸ o cachorro do vizinho
- ➲ **lying in bed** ▸ deitados na cama
- ➲ **the next door neighbor's dog** ▸ o cachorro da casa do vizinho
- ➲ **backyard** ▸ quintal
- ➲ **barking** ▸ latindo
- ➲ **jumps up out of bed** ▸ pula da cama
- ➲ **I've had enough of this!** ▸ para mim chega!
- ➲ **I put the dog in our backyard** ▸ eu coloquei o cachorro no nosso quintal
- ➲ **let's see how THEY like it** ▸ vamos ver se ELES gostam disso

35 relationships, sex | relacionamentos, sexo

Pest Control

A woman was **having a passionate affair** with an inspector from a pest-control company. One afternoon they were **carrying on** in the bedroom together when her husband arrived home **unexpectedly**.

'Quick,' said the woman to the lover, 'into the closet!' She **pushed him** into the closet, **stark naked**.

The husband, however, became suspicious. After a **search of the bedroom**, he discovered the man in the closet. 'Who are you?' he **shouted**.

'I'm an inspector from Bugs-B-Gone,' said the **exterminator**.

'What are you doing in there?' the husband asked.

'I'm investigating a **complaint** about an **infestation of moths**,' the man replied.
'And where are your clothes?', asked the husband.
The man looked down at himself. '**Those little bastards!**'

- **pest control** ▸ dedetização
- **having a passionate affair** ▸ tendo um tórrido caso de amor
- **carrying on** ▸ mandando ver
- **unexpectedly** ▸ de repente
- **push him** ▸ empurrou-o
- **stark naked** ▸ totalmente nu
- **search of the bedroom** ▸ busca no quarto
- **shouted** ▸ esbravejou
- **exterminator** ▸ dedetizador
- **complaint** ▸ queixa
- **infestation of moths** ▸ infestação de traças
- **those little bastards** ▸ que danadinhas!

Sorria, você está praticando inglês! • **65**

36 religion, sex | religião, sexo

The Confession

An **elderly man** walks into a **confessional**. The following conversation **ensues**:

MAN 'I am 92 years old, have a wonderful wife of seventy years, many children, grandchildren, and **great grandchildren**. Yesterday I **picked up two college girls**, **hitchhiking**. We went to a motel, where I had sex with each of them three times.'

PRIEST **'Aren't you sorry for your sins?'**

MAN 'What sins?'

PRIEST 'What kind of a Catholic are you?'

MAN 'I'm **Jewish**.'

PRIEST 'Why are you telling me all this?'

MAN **'I'm 92 years old... I'm telling everybody!'**

- ↻ **the confession** ⊱ a confissão
- ↻ **elderly man** ⊱ senhor de idade
- ↻ **confessional** ⊱ confessionário
- ↻ **ensues** ⊱ inicía-se
- ↻ **great grandchildren** ⊱ bisnetos
- ↻ **picked up two college girls** ⊱ dei carona para duas garotas universitárias
- ↻ **hitchhiking** ⊱ pedindo carona
- ↻ **priest** ⊱ padre
- ↻ **aren't you sorry for your sins?** ⊱ você não se arrepende dos seus pecados?

- ↻ **Jewish** ❧ judeu
- ↻ **I'm 92 years old... I'm telling everybody!** ❧ Eu estou com 92 anos de idade... eu estou contando isso para todo mundo!

37 **the Irish** | irlandeses

The Donation

Father O'Malley answers the phone.
'Hello, is this Father O'Malley?'
'It is!'
This is the **IRS**. Can you help us?'
'I can!'
'Do you know a Ted Houlihan?'
'I do!'
'Is he a member of your congregation?'
'He is!'
'Did he donate $10,000.00 to the church?'
'He will!'

- ↻ **the donation** ❧ a doação
- ↻ **Father O'Malley** ❧ Padre O'Malley
- ↻ **hello, is this Father O'Malley?** ❧ Alô, é o Padre O'Malley quem está falando?
- ↻ **IRS** ❧ (acrônimo de *Internal Revenue Service*) Receita Federal

- **did he donate $10,000.00 to the church?** ▸ ele doou $10.000,00 para a igreja?
- **he will!** ▸ com certeza vai doar!

38 the Irish | irlandeses

The Catholic Dog

Muldoon lived alone in the **Irish countryside** with only a pet dog **for company**. One day the dog died. Muldoon went to the **parish priest** and asked, 'Father, my dog is dead. **Could ya' be sayin' a mass for the poor creature?**'

Father Patrick replied, 'I**'m afraid not**; we cannot **have services** for an animal in the church. But there are some Baptists **down the lane. There's no tellin' what they believe**. Maybe they'll do something for the creature.'

Muldoon said, 'I'll go **right away**, Father. Do ya think $5,000 is enough to donate to them for the service?'

Father Patrick exclaimed, **'Sweet Mary, Mother of Jesus! Why didn't you tell me the dog was Catholic?'**

- ⮌ **Irish countryside** ▹ no interior da Irlanda
- ⮌ **for company** ▹ de companhia
- ⮌ **parish priest** ▹ padre da paróquia
- ⮌ **could ya' be sayin' a mass for the poor creature?** ▹ o senhor poderia rezar uma missa para a pobre criatura?
- ⮌ **'m afraid not** ▹ creio que não
- ⮌ **have services** ▹ fazer missas
- ⮌ **down the lane** ▹ no fim da rua
- ⮌ **there's no tellin' what they believe** ▹ só Deus sabe no que eles acreditam
- ⮌ **right away** ▹ agora mesmo
- ⮌ **sweet Mary, Mother of Jesus!** ▹ Santa Maria, Mãe de Jesus!
- ⮌ **why didn't you tell me the dog was Catholic?** ▹ por que você não disse que o cachorro era católico?

39 sex | sexo

Squeeze Seven Lemons

There once was a religious young woman **who went to Confession**. Upon entering the confessional, she said, '**Forgive me, Father, for I have sinned.**'

The priest said, 'Confess your sins and be forgiven.'

The young woman said, 'Last night my boyfriend **made mad, passionate love to me seven times**.'

The priest **thought long and hard** and then said, 'Squeeze seven lemons into a glass and then drink the juice.'

The young woman asked, '**Will this cleanse me of my sins?**'

The priest said, '**No, but it will wipe that ridiculous smile off of your face.**'

- ↻ **squeeze seven lemons** ⊪ exprema sete limões
- ↻ **who went to Confession** ⊪ que foi se confessar
- ↻ **forgive me, Father, for I have sinned** ⊪ perdoe-me, padre, pois eu pequei
- ↻ **made mad, passionate love to me seven times** ⊪ transou comigo loucamente por sete vezes
- ↻ **thought long and hard** ⊪ pensou bastante
- ↻ **will this cleanse me of my sins?** ⊪ isto vai lavar os meus pecados?
- ↻ **no, but it will wipe that ridiculous smile off of your face** ⊪ não, mas vai tirar esse sorriso ridículo da sua cara

40 the Irish | irlandeses

Donation Box

A married Irishman went into the **confessional** and said to his priest, 'I **almost had an affair with another woman.**'
The priest said, '**What do you mean, "**almost**"?**'
The Irishman said, 'Well, we **got undressed** and **rubbed together**, but then I stopped.'
The priest said, 'Rubbing together is the same as putting it in. **You're not to see that woman again. For your penance, say five Hail Mary's** and put $50.00 in the **poor box**.'
The Irishman left the confessional, **said his prayers**, and then walked over to the poor box. He paused for a moment, then started to leave.

The priest, who was watching, quickly **ran over to him**, saying, 'I saw that. You didn't put any money in the poor box!'
The Irishman replied, 'Yeah, but **I rubbed the $50.00 bill on the box. And according to you, that's the same as putting it in!**'

- ⭢ **donation box** ⯈ caixa de doações
- ⭢ **confessional** ⯈ confessionário
- ⭢ **almost had an affair with another woman** ⯈ quase tive um caso com uma outra mulher
- ⭢ **what do you mean "almost"?** ⯈ o que você quer dizer com, "quase"?
- ⭢ **got undressed** ⯈ nos despimos
- ⭢ **rubbed together** ⯈ nos esfregamos

- **you're not to see that woman again** ▹ você não deve mais se encontrar com essa mulher
- **for your penance** ▹ como penitência
- **say five Hail Mary's** ▹ reze cinco Ave Marias
- **poor box** ▹ caixinha de dinheiro para os pobres
- **said his prayers** ▹ fez as suas orações
- **ran over to him** ▹ correu até ele
- **I rubbed the $50.00 bill on the box** ▹ eu esfreguei a nota de $50,00 na caixinha
- **according to you, that's the same as putting it in!** ▹ de acordo com o senhor, isso é o mesmo que colocar lá dentro!

41 the elderly | idosos

How to Call the Police

George Phillips, an elderly man, from Meridian, Mississippi, was going up to bed, when his wife told him that **he'd left the light on** in the **garden shed**, which she could see from the bedroom window. George opened the back door to go **turn off the light**, but saw that there were people in the shed **stealing things**.

He phoned the police, who asked "Is someone in your house?" He said: "No," but some people are **breaking into** my garden shed and stealing from me. Then the **police dispatcher** said "All **patrols** are **busy**. You should **lock your doors** and an officer **will be along** when one is available."

George said, "Okay." He **hung up the phone** and **counted to 30**. Then he phoned the police again.

"Hello, I just called you a few seconds ago because there were people stealing things from my shed. Well, you don't have to worry about them now because **I just shot them**." and he hung up.

Within five minutes, six police cars, a SWAT team, a helicopter, two **fire trucks**, a paramedic, and an ambulance **showed up** at the Phillips' residence, and **caught the burglars red-handed**. One of the Policemen said to George, "**I thought you said that you'd shot them!**"

George said, "**I thought you said there was nobody available!**"

- **how to call the police** ▸ como chamar a polícia
- **he'd left the light on** ▸ ele havia deixado a luz acesa
- **garden shed** ▸ quartinho de ferramentas
- **turn off the light** ▸ apagar a luz
- **stealing things** ▸ roubando coisas
- **breaking into** ▸ arrombando
- **police dispatcher** ▸ policial
  (encarregado de enviar viaturas aos locais de emergência)
- **patrols** ▸ viaturas
- **busy** ▸ ocupadas
- **lock your doors** ▸ trancar as portas
- **will be along** ▸ será enviado
- **hung up the phone** ▸ desligou o telefone
- **counted to 30** ▸ contou até 30
- **I just shot them** ▸ eu acabei de matá-los (a tiros)
- **fire trucks** ▸ caminhões de bombeiro

Sorria, você está praticando inglês! • **73**

- **showed up** ▹ apareceram
- **caught the burglars red-handed** ▹ pegaram os ladrões em flagrante
- **I thought you said that you'd shot them!** ▹ eu achei que o senhor tinha dito que havia atirado neles!
- **I thought you said there was nobody available!** ▹ eu achei que você tinha dito que não havia ninguém disponível!

42 men vs. women |
homens vs. mulheres

The Car Accident

A woman and a man are involved in a car accident on a **snowy**, cold Monday morning; it's a bad one. Both of their cars are **totally demolished**, but **amazingly neither of them is hurt. God works in mysterious ways**. After they **crawl out of their cars**, the man is **yelling** about women drivers. The woman says, 'So, you're a man. That's interesting. I'm a woman. Wow, just look at our cars! **There's nothing left**, but we're unhurt. This must be **a sign from God** that we should be friends and **live in peace for the rest of our days**.'

Flattered, the man replies, 'Oh yes, I agree completely, this must be a sign from God! But **you're still at fault**... women **shouldn't be allowed to drive**.' The woman continues, 'And look at this, here's another **miracle**. My car is completely demolished but this **bottle of wine** didn't break. **Surely** God wants us to drink this wine and celebrate **our good fortune**.'

She **hands** the bottle to the man. The man **nods his head in agreement**, opens it and drinks **half** the bottle and then hands it back to the woman. The woman takes the bottle, **puts the cap back on** and hands it back to the man.

The man asks, '**Aren't you having any?**'

The woman replies, 'No. **I think I'll just wait for the police...**'

- ↻ **snowy** ‣ cheia de neve
- ↻ **totally demolished** ‣ totalmente destruídos
- ↻ **amazingly** ‣ incrivelmente
- ↻ **neither of them is hurt** ‣ nenhum deles ficou ferido
- ↻ **God works in mysterious ways** ‣ Deus opera de forma misteriosa
- ↻ **crawl out of their cars** ‣ rastejam para fora dos carros
- ↻ **yelling** ‣ gritando
- ↻ **there's nothing left** ‣ não sobrou nada
- ↻ **a sign from God** ‣ um sinal de Deus
- ↻ **live in peace for the rest of our days** ‣ viver em paz pelo resto de nossas vidas
- ↻ **flattered** ‣ lisonjeado
- ↻ **you're still at fault** ‣ você ainda assim é culpada
- ↻ **shouldn't be allowed to drive** ‣ não deveriam ter permissão para digirir
- ↻ **miracle** ‣ milagre
- ↻ **bottle of wine** ‣ garrafa de vinho
- ↻ **surely** ‣ com certeza
- ↻ **our good fortune** ‣ nossa sorte
- ↻ **hands** ‣ passa

Sorria, você está praticando inglês! • **75**

- **nods his head in agreement** ⇒ balança a cabeça em sinal de positivo
- **half** ⇒ a metade
- **puts the cap back on** ⇒ coloca a tampa de volta
- **aren't you having any?** ⇒ você não vai tomar nem um pouco?
- **I think I'll just wait for the police...** ⇒ eu acho que vou só esperar pela polícia...

43 **modern life** | vida moderna

You Know You Are Living the Modern Life When...

1. You accidentally **enter your pin** on the microwave.
2. You **haven't played solitaire** with real cards in years.
3. You have a list of 15 phone numbers to **reach** your family of 3.
4. You e-mail the person who works **at the desk next to you**.
5. Your reason for not **staying in touch with friends and family** is that they don't have e-mail addresses...
6. You **pull up in your own driveway** and use your cell phone to see if anyone is home to **help you carry in the groceries**.
7. Every commercial on television has a web site **at the bottom of the screen**.
8. Leaving the house without your cell phone, which you didn't have the first 20 or 30 (or 60) years of your life, is now **a cause for panic** and you **turn around to go and get it**.
10. You get up in the morning and **go on line** before getting your coffee.

11 You start **tilting your head sideways** to smile. :)

12 You're reading this and **nodding and laughing**.

13 **Even worse**, you know exactly to whom you are going to **forward this message**.

14 You are too busy to notice there was no #9 on this list.

15 You actually **scrolled back up** to check that there wasn't a #9 on this list.

- ↻ **enter your pin** ▸ digite a sua senha
- ↻ **haven't played solitaire** ▸ não joga paciência
- ↻ **reach** ▸ contactar
- ↻ **at the desk next to you** ▸ na mesa ao seu lado
- ↻ **staying in touch with friends and family** ▸ manter contato com os amigos e a família
- ↻ **pull up in your own driveway** ▸ estacionar o carro na sua própria vaga
- ↻ **help you carry in the groceries** ▸ ajudá-lo a carregar as compras de supermercado para dentro
- ↻ **at the bottom of the screen** ▸ na parte de baixo da tela
- ↻ **a cause for panic** ▸ motivo de pânico
- ↻ **turn around to go and get it** ▸ faz meia-volta para ir buscá-lo
- ↻ **go on line** ▸ conecta na internet
- ↻ **tilting your head sideways** ▸ inclinar a cabeça para o lado
- ↻ **nodding and laughing** ▸ concordando e rindo
- ↻ **even worse** ▸ pior ainda
- ↻ **forward this message** ▸ encaminhar esta mensagem
- ↻ **scrolled back up** ▸ rolar a tela (do computador) para cima

Sorria, você está praticando inglês! • **77**

44 **relationships** | relacionamentos

Mother knows Everything

Peter invited his mother for dinner, and **during the course of the meal** his mother **couldn't help but notice** how lovely Peter's **flat mate**, Joanne, was.

She **had long been suspicious** of a relationship between the two, and this only made her more curious.

Over the course of the evening, while watching the two interact, she started to **wonder if there was more between Peter and his flat mate than met the eye**.

Reading his mum's thoughts, Peter **volunteered**, 'I know what you must be thinking, but **I assure you**, Joanne and I are just flat mates'.

About a week later, Joanne came to Peter saying, 'Ever since your Mother came to dinner, **I've been unable to find the frying pan**, you don't suppose she took it do you?'

'Well, **I doubt it**, but I'll e-mail her **just to be sure**,' said Peter.

So he sat down and wrote

Dear mother,

*I'm not saying that you 'did' take the frying pan from my house. I'm not saying that you 'did not' take the frying pan, but **the fact remains that it has been missing ever since** you were here for dinner.*

Love Peter

Several days later, Peter received an email from his mother **which read**:

Dear son,

I'm not saying that you 'do' sleep with joanne, and i'm not saying that you 'do not' sleep with joanne, but the fact remains that **if she was sleeping in her own bed, she would have found the frying pan by now**.

Love mum

Lesson of the day, **NEVER LIE TO YOUR MOTHER**

- **during the course of the meal** ▹ durante a refeição
- **couldn't help but notice** ▹ não conseguiu deixar de notar
- **flat mate** ▹ a colega de apartamento
- **had long been suspicious** ▹ havia tempo que ela suspeitava
- **over the course of the evening** ▹ durante a noite
- **wonder if there was more between Peter and his flat mate** ▹ imaginar se havia algo mais entre Peter e sua colega
- **than met the eye** ▹ do que os olhos podiam ver.
- **reading his mum's thoughts** ▹ imaginando o que a mãe estava pensando
- **volunteered** ▹ se antecipou
- **I assure you** ▹ eu lhe garanto
- **I've been unable to find the frying pan** ▹ eu não consigo achar a frigideira

- **I doubt it** » eu duvido
- **just to be sure** » só para ter certeza
- **you 'did' take** » você 'realmente' pegou
- **the fact remains that it has been missing** » o fato é que ela desapareceu
- **ever since** » desde que
- **which read** » que dizia
- **if she was sleeping in her own bed** » ela estivesse dormindo na cama dela
- **she would have found the frying pan by now** » ela já teria encontrado a frigideira a este instante
- **never lie to your mum** » nunca minta para a sua mãe

45 **mariage** | casamento

Finding the Wife

An older man **approached** an attractive younger woman at a shopping mall.

Excuse me. I can't seem to find my wife. Can you talk to me for **a couple of minutes**?'

The woman, feeling **a bit of compassion** for the **old fellow**, said, 'Of course, sir. Do you know where your wife might be?'

I have no idea, but every time I talk to a woman **with nice big tits** like yours, **she seems to appear out of nowhere!**'

- **finding the wife** ▸ achando a esposa
- **approached** ▸ aproximou-se (de)
- **excuse me** ▸ com licença
- **I can't seem to find my wife** ▸ eu não estou conseguindo encontrar a minha mulher
- **a couple of minutes** ▸ por um instante
- **a bit of compassion** ▸ um pouco de solidariedade
- **old fellow** ▸ velhinho
- **I have no idea** ▸ eu não faço ideia
- **with nice big tits** ▸ com um belo par de seios
- **she seems to appear out of nowhere!** ▸ ela aparece do nada!

Sorria, você está praticando inglês! • **81**

46 **marriage** | casamento

The Husband Store

A store that **sells new husbands** has opened in New York City, where a woman may go to choose a husband. Among the instructions **at the entrance** is a description of how the store operates:

You may visit this store **ONLY ONCE!** There are six floors and the value of the products **increase as the shopper ascends the flights**. The shopper may choose any item from a particular **floor**, or may choose to go up to the next floor, but you cannot go back down **except to exit the building!**

So, a woman goes to the Husband Store to find a husband. On the first floor **the sign on the door reads**:

FLOOR 1 These men **Have Jobs**.

She is **intrigued**, but continues to the second floor, where the sign reads:

FLOOR 2 These men Have Jobs and Love Kids.

'That's nice,' she thinks, 'but I want more.'

So she **continues upward**. The third floor sign reads:

FLOOR 3 These men Have Jobs, Love Kids, and are **Extremely Good Looking**.

'Wow,' she thinks, but **feels compelled to keep going**.

She goes to the fourth floor and the sign reads:

FLOOR 4 These men Have Jobs, Love Kids, are **Drop-dead Good Looking** and **Help With Housework**.

'Oh, mercy me!' she exclaims, **'I can hardly stand it!'**

Still, she goes to the fifth floor and the sign reads:

FLOOR 5 These men Have Jobs, Love Kids, are Drop-dead **Gorgeous**, Help with Housework, and **Have a Strong Romantic Streak**.

She is **so tempted to stay**, but she goes to the sixth floor, where the sign reads:

FLOOR 6   You are visitor 31,456,012 to this floor. There are no men on this floor. This floor exists **solely as proof that women are impossible to please**. Thank you for shopping at the Husband Store.

PLEASE NOTE: To avoid gender bias charges, the store's owner opened a New **Wives**' store **just across the street**.
The first floor has wives that love sex.
The second floor has wives that love sex and have money and like **beer**.
The third, fourth, fifth and sixth floors have never been visited.

- **the husband store** ▸ a loja de maridos
- **sells new husbands** ▸ vende novos maridos
- **at the entrance** ▸ na entrada
- **only once** ▸ somente uma vez

- **increase as the shopper ascends the flights** ▸ aumenta conforme o consumidor sobe as escadas
- **floor** ▸ andar
- **except to exit the building** ▸ a menos que queira sair do prédio
- **the sign on the door reads** ▸ o aviso na porta diz
- **have jobs** ▸ têm empregos
- **intrigued** ▸ intrigada
- **continues upward** ▸ continua a subir
- **extremely good looking** ▸ muito bonitos
- **feels compelled to keep going** ▸ sente-se tentada a continuar
- **drop-dead good looking** ▸ lindos de morrer
- **help with housework** ▸ ajudam com o serviço de casa
- **oh, mercy me!** ▸ meu Deus do céu!
- **I can hardly stand it!** ▸ Eu não resisto!
- **gorgeous** ▸ maravilhosos
- **have a strong romantic streak** ▸ têm um forte traço romântico
- **so tempted to stay** ▸ tão tentada a ficar
- **solely as proof that women are impossible to please** ▸ somente como prova de que é impossível agradar uma mulher
- **to avoid gender bias charges** ▸ para evitar queixas por preconceito machista
- **the store's owner** ▸ o dono da loja
- **wives** ▸ esposas
- **just across the street** ▸ do outro lado da rua
- **beer** ▸ cerveja
- **the third, fourth, fifth and sixth floors have never been visited** ▸ o terceiro, quarto, quinto e sexto andares nunca foram visitados

47 relationships | relacionamentos

The Neighbor

A man is **getting into the shower** just as his wife is finishing up her shower, when the **doorbell rings**.
The wife quickly **wraps herself in a towel** and runs downstairs.
When she opens the door, **there stands Bob, the next-door neighbor**.
Before she says a word, Bob says, '**I'll give you $800 to drop that towel**.'
After thinking for a moment, the woman drops her towel and **stands naked** in front of Bob, after a few seconds, Bob **hands her $800 and leaves**.
The woman **wraps back up in the towel** and goes back upstairs.
When she gets to the bathroom, her husband asks, 'Who was that?'
'It was Bob the next-door neighbor,' she replies.
'Great,' the husband says, '**did he say anything about the $800 he owes me?**'

- **neighbor** ▸ vizinho
- **getting into the shower** ▸ entrando embaixo do chuveiro
- **the doorbell rings** ▸ a campainha toca
- **wraps herself in a towel** ▸ se enrola numa toalha
- **there stands Bob** ▸ lá está o Bob
- **the next-door neighbor** ▸ o vizinho da casa ao lado
- **I'll give you $800 to drop that towel** ▸ Eu te dou $800 para você deixar essa toalha cair
- **stands naked** ▸ fica nua
- **hands her $800 and leaves** ▸ entrega a ela $800 e vai embora
- **wraps back up in the towel** ▸ se enrola de volta na toalha
- **did he say anything about the $800 he owes me?** ▸ ele falou alguma coisa sobre os $800 que ele está me devendo?

48 the elderly | idosos

The Fitness Class

I feel like my body has gotten **totally out of shape**, so I **got my doctor's permission to join a fitness club** and **start exercising**.
I decided to **take an aerobics class for seniors**.
I **bent, twisted, gyrated, jumped up and down,** and **perspired** for an hour.
But, **by the time I got my leotards on, the class was over.**

- **fitness class** ▶ aula de ginástica
- **totally out of shape** ▶ totalmente fora de forma
- **got my doctor's permission** ▶ eu consegui a permissão do meu médico
- **to join a fitness club** ▶ para me matricular numa academia de ginástica
- **start exercising** ▶ começar a fazer exercícios
- **take an aerobics class for seniors** ▶ fazer aulas de aeróbica para idosos
- **bent** ▶ abaixava
- **twisted** ▶ me contorcia
- **gyrated** ▶ girava
- **jumped up and down** ▶ pulava para cima e para baixo
- **perspired** ▶ transpirava
- **by the time I got my leotards on, the class was over** ▶ até a hora que eu conseguia vestir a minha roupa de ginástica, a aula já tinha acabado

49 the elderly | idosos

At the Funeral

Just before the **funeral services, the undertaker came up to the very elderly widow** and asked,
'How old was your husband?'
'98,' she replied. 'Two years older than me'
'So you're 96,' the undertaker commented.
She responded, '**Hardly worth going home, is it?**'

Sorria, você está praticando inglês! • **87**

- ⋑ **funeral services** ⋟ cerimônia de funeral
- ⋑ **the undertaker came up to the very elderly widow** ⋟ o agente funerário se aproximou da viúva bem velhinha
- ⋑ **hardly worth going home, is it?** ⋟ nem vale a pena ir para casa, né?

50 **women** | mulheres

Two Ladies Talking in Heaven

1ST WOMAN Hi! My name is Wanda.

2ND WOMAN Hi! I'm Sylvia. **How'd you die?**

1ST WOMAN I **froze to death**.

2ND WOMAN How horrible!

1ST WOMAN It wasn't so bad. **After I quit shaking from the cold**, I began to **get warm and sleepy**, and finally **died a peaceful death**. What about you?

2ND WOMAN I **died of a massive heart attack**. I suspected that my husband was **cheating**, so I came home early to **catch him in the act. But instead**, I found him **all by himself in the den** watching TV.

1ST WOMAN So, what happened?

2ND WOMAN I **was so sure** there was another woman there somewhere that I started running **all over the house** looking. I ran up into the **attic** and **searched**, and down into the **basement**. Then I **went through every closet** and checked **under all the beds**. I **kept**

this up until I had looked everywhere, and finally I became so exhausted that I just **keeled over with a heart attack** and died.

1ˢᵀ WOMAN **Too bad you didn't look in the freezer... we'd both still be alive**.

- ↺ **two ladies talking in heaven** ▹ duas mulheres conversando no céu
- ↺ **how'd you die?** ▹ como foi que você faleceu?
- ↺ **froze to death** ▹ morri congelada
- ↺ **after I quit shaking from the cold** ▹ depois que eu parei de tremer por causa do frio
- ↺ **get warm and sleepy** ▹ ficar aquecida e com sono
- ↺ **died a peaceful death** ▹ tive uma morte tranquila
- ↺ **died of a massive heart attack** ▹ morri de um ataque cardíaco fulminante
- ↺ **cheating** ▹ pulando a cerca
- ↺ **catch him in the act** ▹ pegá-lo em flagrante
- ↺ **but instead** ▹ ao invés disso
- ↺ **all by himself** ▹ sozinho
- ↺ **in the den** ▹ na sala de estar
- ↺ **was so sure** ▹ tinha tanta certeza
- ↺ **all over the house** ▹ por toda a casa
- ↺ **attic** ▹ sótão
- ↺ **searched** ▹ vasculhei
- ↺ **basement** ▹ porão
- ↺ **went through every closet** ▹ eu procurei em todos os *closets*
- ↺ **under all the beds** ▹ embaixo de todas as camas
- ↺ **kept this up** ▹ eu continuei

- **keeled over with a heart attack** ☙ caiu morto com um ataque cardíaco
- **too bad you didn't look in the freezer** ☙ que mancada
  que você não olhou dentro do freezer
- **we'd both still be alive** ☙ nós duas poderíamos ainda estar vivas

51 Texans | texanos

The Zipper

As the bus stopped and it was **her turn to get on**, she **became aware** that her **skirt** was **too tight** to allow her leg to come up to **the height of the first step of the bus**.

Slightly embarrassed and **with a quick smile** to the bus driver, she **reached behind her to unzip her skirt a little**, thinking that this would give her **enough slack** to **raise** her leg.

She tried to **take the step**, **only to discover that she couldn't**.

So, a little more embarrassed, she once again reached behind her to unzip her skirt a little more, and for the second time **attempted the step**.

Once again, **much to her chagrin**, she could not raise her leg.

With a little smile to the driver, she again reached behind to unzip a little more and again **was unable** to take the step.

About this time, a large Texan who was **standing behind her picked her up easily by the waist** and **placed her gently on the step** of the bus.

She **went ballistic** and **turned to the would-be Samaritan** and **yelled**, 'How dare you touch my body! I don't even know who you are!'

The Texan smiled and **drawled**,
'Well, ma'am, normally I **would agree with you**, **but after you unzipped my fly three times, I kinda figured we was friends.**'

- ⟳ **her turn to get on** ▶ vez dela de entrar
- ⟳ **became aware** ▶ percebeu
- ⟳ **skirt** ▶ saia
- ⟳ **too tight** ▶ justa demais
- ⟳ **the height of the first step of the bus** ▶ a altura do primeiro degrau do ônibus
- ⟳ **slightly embarrassed** ▶ um pouco envergonhada
- ⟳ **with a quick smile** ▶ com um leve sorriso
- ⟳ **reached behind her** ▶ colocou a mão para trás
- ⟳ **to unzip her skirt a little** ▶ para abrir um pouco o zíper da saia
- ⟳ **enough slack** ▶ folga suficiente
- ⟳ **raise** ▶ levantar
- ⟳ **take the step** ▶ subir o degrau
- ⟳ **only to discover that she couldn't** ▶ mas percebeu que não conseguia
- ⟳ **attempted the step** ▶ tentou subir o degrau
- ⟳ **much to her chagrin** ▶ para sua enorme tristeza
- ⟳ **was unable** ▶ não conseguiu
- ⟳ **about this time** ▶ a essa altura
- ⟳ **standing behind her** ▶ parado atrás dela
- ⟳ **picked her up easily by the waist** ▶ pegou-a com facilidade pela cintura
- ⟳ **placed her gently on the step** ▶ colocou-a cuidadosamente no degrau

Sorria, você está praticando inglês! • **91**

- ⊃ **went ballistic** ⊳ ela ficou furiosa
- ⊃ **turned to the would-be Samaritan** ⊳ virou-se para
  o suposto bom samaritano
- ⊃ **yelled** ⊳ esbravejou
- ⊃ **how dare you touch my body** ⊳ como você ousa tocar no meu corpo
- ⊃ **don't even know who you are** ⊳ eu nem te conheço
- ⊃ **drawled** ⊳ falou com um sotaque arrastado
- ⊃ **would agree with you** ⊳ concordaria com a senhora
- ⊃ **but after you unzipped my fly three times** ⊳ mas depois que
  a senhora abaixou o zíper da minha calça três vezes
- ⊃ **kinda figured we was friends** ⊳ imaginei que já fôssemos amigos

52 **relationships** | relacionamentos

The Torah Scholar

A young woman brings home her **fiancée** to **meet her parents**. After dinner, her mother tells her father to **find out about the young man**. The father invites the fiancée to his **study** for a drink.

"So what are your plans?" the father asks the young man. "I am a Torah scholar," he replies.

"A Torah scholar, hmmm, hmm," the father says, "admirable, but what will you do to **provide** a nice house for my daughter to live in, as she is accustomed to?" "I will study", the young man replies, "and **God will provide for us.**"

"And how will you buy her a beautiful **engagement ring, such as she deserves**?" asks the father. "I will concentrate on my studies," the young man replies, "God will provide for us."

"And children?" asks the father, "how will you **support your children**?"

"Don't worry, Sir. God will provide," replies the fiancée.

The conversation proceeds like this, and each time the father questions, the young idealist insists that God will provide.

Later, the mother asks "**How did it go, honey?**" The father replies, "He **has no job and no plans, but the good news is that he thinks I am God.**"

- ↻ **Torah scholar** ▸ estudioso do Torá (livro sagrado dos judeus)
- ↻ **fiancée** ▸ noivo
- ↻ **meet her parents** ▸ conhecer os seus pais
- ↻ **find out about the young man** ▸ descobrir um pouco mais sobre o rapaz
- ↻ **study** ▸ escritório
- ↻ **provide** ▸ dar
- ↻ **God will provide for us** ▸ Deus nos proverá
- ↻ **engagement ring** ▸ anel de noivado
- ↻ **such as she deserves** ▸ como ela merece
- ↻ **support your children** ▸ manter os filhos
- ↻ **how did it go, honey?** ▸ como foi a conversa, querido?
- ↻ **has no job and no plans** ▸ não tem um emprego nem planos
- ↻ **but the good news is that he thinks I am God** ▸ mas a boa notícia é que ele acha que eu sou Deus

Sorria, você está praticando inglês! • **93**

53 **marriage** | casamento

How Fights Start (1)

One year, a husband decided to **buy his mother-in-law a cemetery plot as a Christmas gift**.
The next year, he didn't buy her a gift.
When she asked him why, he replied, "**Well, you still haven't used the gift I bought you last year!**"
And that's how the fight started...

- ⇥ **buy his mother-in-law a cemetery plot** ⇥ comprar um túmulo para a sua sogra
- ⇥ **as a Christmas gift** ⇥ como presente de Natal
- ⇥ **well, you still haven't used the gift I bought you last year!** ⇥ bem, você nem usou ainda o presente que eu te dei a ano passado!
- ⇥ **and that's how the fight started...** ⇥ e foi assim que a briga começou...

54 **marriage** | casamento

How Fights Start (2)

I asked my wife, "Where do you want to go **for our anniversary**?"
It warmed my heart to see her face **melt in sweet appreciation**.
"**Somewhere I haven't been in a long time!**" she said.

So I suggested, "How about the **kitchen**?"
And that's when the fight started....

- ⟳ **for our anniversary** ⟫ no nosso aniversário de casamento
- ⟳ **it warmed my heart** ⟫ me amoleceu o coração
- ⟳ **melt in sweet appreciation** ⟫ derreter em gratidão
- ⟳ **somewhere I haven't been in a long time** ⟫ em algum lugar que eu não estive há muito tempo
- ⟳ **kitchen** ⟫ cozinha
- ⟳ **and that's when the fight started...** ⟫ e foi assim que a briga começou...

55 **marriage** | casamento

How Fights Start (3)

I tried to **talk my wife into buying a case of Miller Light** for $14.95. **Instead**, she bought **a jar of cold cream** for $7.95.
I told her the beer **would make her look better** at night than the cold cream.
And that's when the fight started...

- ⟳ **talk my wife into buying a case of Miller Light** ⟫ convencer a minha mulher a comprar uma caixa de cerveja *Miller Light*
- ⟳ **instead** ⟫ em vez disso
- ⟳ **a jar of cold cream** ⟫ um pote de creme hidratante facial

> ↺ **would make her look better** ▹ faria com que ela parecesse melhor
> ↺ **and that's when the fight started...** ▹ e foi assim
> que a briga começou...

56 **marriage** | casamento

How Fights Start (4)

took my wife to a restaurant. **The waiter, for some reason, took my order first**.
"**I'll have the strip steak, medium rare**, please."
He said, "**Aren't you worried about the mad cow?**"
"**Nah, she can order for herself.**"
And that's when the fight started...

> ↺ **waiter** ▹ garçon
> ↺ **for some reason** ▹ por alguma razão
> ↺ **took my order first** ▹ anotou o meu pedido primeiro
> ↺ **I'll have the strip steak** ▹ eu vou querer o contra filé
> ↺ **medium rare** ▹ no ponto para mal passado
> ↺ **aren't you worried about the mad cow?** ▹ o senhor não
> está preocupado com a vaca louca?
> ↺ **nah, she can order for herself.** ▹ que nada, ela que faça
> o pedido ela mesma.
> ↺ **and that's when the fight started...** ▹ e foi assim que a briga começou...

57 **marriage** | casamento

How Fights Start (5)

My wife **sat down on the couch** next to me as I was **flipping the channels**. She asked, "**What's on TV?**"
I said, "**Dust**."
And then the fight started...

- ⟳ **sat down on the couch** ▸ sentou-se no sofá
- ⟳ **flipping the channels** ▸ passando os canais
- ⟳ **what's on TV?** ▸ o que é que tem na TV?
- ⟳ **dust** ▸ pó
- ⟳ **and then the fight started...** ▸ e aí começou a briga...

58 **marriage** | casamento

How Fights Start (6)

My wife was **hinting** about what she wanted for our **upcoming anniversary**.
She said, "I want something **shiny that goes from 0 to 200 in about 3 seconds**."
I **bought her a scale**.
And then the fight started...

- **hinting** ▹ dando um toque
- **upcoming anniversary** ▹ próximo aniversário de casamento
- **shiny** ▹ brilhante
- **that goes from 0 to 200 in about 3 seconds** ▹ que vai de 0 a 200 em aproximadamente três segundos
- **bought her a scale** ▹ eu comprei uma balança para ela
- **and then the fight started...** ▹ e aí começou a briga...

59 **marriage** | casamento

How Fights Start (7)

My wife and I were sitting at a table at her **high school reunion**, and she **kept staring at a drunken man swigging his drink** as he sat alone **at a nearby table**.

I asked her, "Do you know him?"

"Yes," she **sighed**, "He's my old boyfriend ... I **understand he took to drinking** right after we **split up** those many years ago, and **I hear** he **hasn't been sober since.**"

"My God!" I said, "**Who would think a person could go on celebrating that long?**"

And then the fight started...

- ↻ **high school reunion** ➤ reencontro de colegas do colégio
- ↻ **kept staring at a drunken man** ➤ ficou reparando num cara que estava bêbado
- ↻ **swigging his drink** ➤ tomando um drinque em grandes goles
- ↻ **at a nearby table** ➤ numa mesa por perto
- ↻ **sighed** ➤ suspirou
- ↻ **understand he took to drinking** ➤ soube que começou a beber
- ↻ **split up** ➤ terminamos o namoro
- ↻ **I hear** ➤ eu fiquei sabendo
- ↻ **hasn't been sober since** ➤ não voltou a ficar sóbrio desde então
- ↻ **who would think a person could go on celebrating that long?** ➤ quem imaginaria que uma pessoa poderia continuar comemorando por tanto tempo?
- ↻ **and then the fight started** ➤ e aí começou a briga...

60 marriage | casamento

How Fights Start (8)

When our **lawn mower broke and wouldn't run** my wife **kept hinting to me** that I should **get it fixed**. But, **somehow** I always had **something else to take care of** first, the **truck**, the car, playing golf, always something more important to me.

Finally she **thought of a clever way to make her point.** When I arrived home one day, I found her **seated in the tall grass, busily snipping away**

with a tiny pair of sewing scissors. I watched silently for a short time and then went into the house. I **was gone only a minute**, and when I came out again I **handed her a toothbrush**. I said, "When you finish cutting the grass, you **might as well sweep the driveway**."
The doctors say I will walk again, but I will always have a limp.

↺ **lawn mower broke and wouldn't run** ▹ cortador de grama quebrou e não funcionava

↺ **kept hinting to me** ▹ ficou me dando indiretas

↺ **get it fixed** ▹ mandar alguém consertá-lo

↺ **somehow** ▹ por alguma razão

↺ **something else to take care of** ▹ alguma coisa a mais para fazer

↺ **truck** ▹ caminhonete

↺ **thought of a clever way to make her point** ▹ bolou uma forma interessante de se fazer entender

↺ **seated in the tall grass** ▹ sentada na grama alta

↺ **busily snipping away with a tiny pair of sewing scissors** ▹ toda empolgada cortando a grama com um minúsculo par de tesouras

↺ **was gone only a minute** ▹ me retirei por um minuto

↺ **handed her a toothbrush** ▹ entreguei para ela uma escova de dente

↺ **might as well sweep the driveway** ▹ poderia também varrer a entrada da garagem

↺ **the doctors say I will walk again** ▹ o médico disse que eu vou voltar a andar novamente

↺ **but I will always have a limp** ▹ mas eu vou sempre mancar de uma perna

61 **money** | dinheiro

This Is How People Get Rich

Before going to Europe **on business**, a man drove his Rolls-Royce to a **downtown** New York City bank and went in to ask for an immediate **loan** of $5,000.
The loan officer, **taken aback**, **requested collateral** and so the man said, "Well then, here are the keys to my Rolls-Royce."
The loan officer **promptly had the car driven into the bank's underground parking for safe keeping**, and gave him $5,000.
Two weeks later, the man **walked through the bank's doors**, and asked to **settle up his loan** and get his car back. "**That will be $5,000 in principal**, and $15.40 **in interest**", the loan officer said. The man **wrote out a check** and started to **walk away**.
"Wait sir", the loan officer said, "**while you were gone**, I **found out** you are a millionaire. **Why in the world** would you need to **borrow** $5,000?"

The man smiled. "**Where else could I park my Rolls-Royce** in Manhattan for two weeks and pay only $15.40?

- **this is how people get rich** ▸ é assim que as pessoas ficam ricas
- **on business** ▸ a negócios
- **downtown** ▸ do centro (da cidade)
- **loan** ▸ empréstimo
- **the loan officer** ▸ o funcionário do banco
- **taken aback** ▸ espantado
- **requested collateral** ▸ solicitou garantias
- **promptly** ▸ imediatamente
- **had the car driven into the bank's underground parking** ▸ pediu que o carro fosse levado ao estacionamento subterrâneo do banco
- **for safe keeping** ▸ por medida de segurança
- **walked through the bank's doors** ▸ entrou pelas portas do banco
- **settle up his loan** ▸ liquidar o empréstimo
- **that will be $5,000 in principal** ▸ ficou em $5,000 do empréstimo
- **in interest** ▸ de juros
- **wrote out a check** ▸ preencheu um cheque
- **walk away** ▸ ir embora
- **while you were gone** ▸ quando o senhor foi embora
- **found out** ▸ descobri
- **why in the world...?** ▸ por que cargas d'água...?
- **borrow** ▸ tomar emprestado
- **where else could I park my Rolls-Royce...** ▸ onde mais eu poderia estacionar o meu Rolls-Royce...

62 **school, Americans** | escola, americanos

A Lesson in American History

It was the first day of a school in USA and a new Indian student named Chandrasekhar Subramanian **entered the fourth grade**.

The teacher said, "Let's begin by **reviewing** some American History. Who said 'Give me Liberty, or give me Death'?"

She saw **a sea of blank faces**, except for Chandrasekhar, who **had his hand up**: 'Patrick Henry, 1775' he said.

'Very good!'

Who said 'Government of the People, by the People, for the People, **shall not perish** from the Earth?'

Again, no response except from Chandrasekhar. 'Abraham Lincoln, 1863' said Chandrasekhar.

The teacher **snapped at the class**, 'Class, you **should be ashamed of yourselves**! Chandrasekhar, who is new to our country, knows more about its history than you do.'

She heard **a loud whisper**: **'Screw the Indians.'**

'Who said that?', she **demanded**. Chandrasekhar put his hand up. 'General Custer, 1862.'

At that point, a student in the back said, **'I'm gonna puke**.'

The teacher **glares around** and asks 'All right! Now, who said that?'

Again, Chandrasekhar says, 'George Bush to the Japanese Prime Minister, 1991.'

Now furious, another student **yells**, 'Oh yeah? **Suck this!**'

Chandrasekhar **jumps out of his chair waving his hand** and shouts to the teacher, 'Bill Clinton, to Monica Lewinsky, 1997!'

Now **with almost mob hysteria** someone said '**You little shit**. If you say anything else, I'll kill you.'

Chandrasekhar **frantically yells at the top of his voice**, 'Michael Jackson to **the child witness testifying against him**, 2004.'

The teacher **fainted**.

And **as the class gathered around the teacher** on the floor, someone said, '**Oh shit, we're screwed!**'

And Chandrasekhar **said quietly**, 'I think it was the American people, September 11th, 2001".

- ⟳ **entered the fourth grade** ▸ entrou na quarta série
- ⟳ **reviewing** ▸ revisando
- ⟳ **a sea of blank faces** ▸ um monte de caras de interrogação
- ⟳ **had his hand up** ▸ estava com a mão erguida
- ⟳ **shall not perish** ▸ não perecerá
- ⟳ **snapped at the class** ▸ deu um chacoalhão na turma
- ⟳ **should be ashamed of yourselves** ▸ deveriam se envergonhar
- ⟳ **a loud whisper** ▸ um sussurro alto
- ⟳ **screw the Indians** ▸ que se danem os indianos
- ⟳ **demanded** ▸ perguntou em tom ameaçador
- ⟳ **at that point** ▸ a essa altura
- ⟳ **I'm gonna puke** ▸ eu vou vomitar
- ⟳ **glares around** ▸ olha furiosa ao redor
- ⟳ **yells** ▸ grita
- ⟳ **suck this** ▸ chupa isto
- ⟳ **jumps out of his chair** ▸ pula da carteira
- ⟳ **waving his hand** ▸ acenando com a mão

- **with almost mob hysteria** ⮞ quase com uma histeria generalizada
- **you little shit** ⮞ seu merdinha
- **frantically** ⮞ todo empolgado
- **yells at the top of his voice** ⮞ grita na maior altura
- **the child witnesses** ⮞ a criança testemunha
- **testifying against him** ⮞ testemunhando contra ele
- **fainted** ⮞ desmaiou
- **as the class gathered around the teacher** ⮞ assim que a classe se juntou ao redor da professora
- **oh shit, we're screwed!** ⮞ puta merda! nós estamos ferrados!
- **said quietly** ⮞ disse baixinho

63 **modern life** | vida moderna

What to Expect in 2040

There is more money being spent on **breast implants** and Viagra today, than on Alzheimer's research.
This means that by 2040, there should be **a large elderly population with perky boobs** and **huge erections**, and **absolutely no recollection of what to do with them**!

- **what to expect in 2040** ⮞ o que esperar de 2040
- **breast implants** ⮞ implantes de seios
- **Alzheimer's research** ⮞ pesquisa sobre o Mal de Alzheimer

- **this means that** ⟫ isto significa que
- **by 2040** ⟫ até 2040
- **a large elderly population** ⟫ uma grande população de idosos
- **with perky boobs** ⟫ com peitos empinados
- **huge erections** ⟫ ereções colossais
- **no recollection of what to do with them** ⟫ nenhuma lembrança do que fazer com eles

64 marriage | casamento

The Marriage Candidates

A man wanted to **get married**. He was **having trouble choosing among three likely candidates**. He gives each woman a present of $5,000 and watches to see what they do with the money.

The first **does a total makeover**. She goes to a **fancy beauty salon**, **gets her hair done**, new **makeup**; buys **several new outfits** and **dresses up** very nicely for the man. She tells him that she has done this to be more attractive for him because she loves him so much.

The man **was impressed**.

The second **goes shopping** to buy the man **gifts**. She gets him **a new set of golf clubs**, some new **gizmos for his computer**, and some **expensive clothes**. As she presents these gifts, she tells him that she has spent all the money on him because she loves him so much.

Again, the man is impressed.

The third **invests the money in the stock market**. She **earns several times the $5,000**. She gives him back his $5,000 and **reinvests the remainder in a joint account**. She tells him that she wants to **save for their future** because she loves him so much.

Obviously, the man was impressed.

The man thought for a long time about what each woman had done with the money he'd given her.

Then he married the one with the biggest tits.

Men are like that, you know.

- **marriage candidates** ▸ pretendentes para casar
- **get married** ▸ se casar
- **having trouble** ▸ com dificuldades
- **choosing among three likely candidates** ▸ escolher entre três possíveis pretendentes
- **does a total makeover** ▸ se produz toda
- **fancy beauty salon** ▸ salão de beleza bem chique
- **gets her hair done** ▸ faz um penteado
- **makeup** ▸ maquiagem
- **several new outfits** ▸ vários trajes novos
- **dresses up** ▸ veste as melhores roupas
- **was impressed** ▸ fica impressionado
- **goes shopping** ▸ sai para fazer compras
- **gifts** ▸ presentes
- **a new set of golf clubs** ▸ um novo kit de tacos de golfe
- **gizmos for his computer** ▸ brinquedinhos para o computador dele

- **expensive clothes** ‣ roupas caras
- **invests the money** ‣ investe o dinheiro
- **in the stock market** ‣ na bolsa (de valores)
- **earns** ‣ ganha
- **several times the $5,000** ‣ várias vezes mais que os $5.000
- **reinvests the remainder** ‣ reinveste o restante
- **in a joint account** ‣ numa conta conjunta
- **save for their future** ‣ poupar para o futuro
- **then he married the one with the biggest tits** ‣ então decidiu se casar com a mulher que tinha os maiores seios
- **men are like that** ‣ os homens são assim mesmo

65 marriage | casamento

New Wives

Three men were sitting together **bragging** about how they had given their new wives **duties**.

The first man had married a woman from Alabama and had told her that she was going to **do the dishes** and **house cleaning**. **It took a couple of days**, but on the third day he **came home to see a clean house** and **dishes washed and put away**.

The second man had married a woman from Illinois. He had given his wife orders that **she was to do** all the cleaning, dishes, and the cooking. The first day he didn't see any results but the next day he saw it was better. By the third day, he saw his house was clean, the dishes were done, and there was **a huge dinner** on the table.

The third man had married a beautiful girl from Ohio. He told her that her duties were to keep the house cleaned, dishes washed, **lawn mowed**, **laundry washed**, and **hot meals on the table** for every meal. He said the first day he didn't see anything, the second day he didn't see anything, but by the third day **some of the swelling had gone down** and **he could see a little out of his left eye..., enough to fix himself a sandwich** and **load the dishwasher**.

- ⟳ **wives** ▸ esposas
- ⟳ **bragging** ▸ se gabando
- ⟳ **duties** ▸ tarefas domésticas
- ⟳ **do the dishes** ▸ lavar a louça
- ⟳ **house cleaning** ▸ a limpeza da casa
- ⟳ **it took a couple of days** ▸ levou alguns dias
- ⟳ **came home** ▸ chegou em casa
- ⟳ **to see a clean house** ▸ e viu a casa limpa
- ⟳ **dishes washed and put away** ▸ e a louça lavada e guardada
- ⟳ **she was to do** ▸ era para ela fazer
- ⟳ **a huge dinner** ▸ um jantar maravilhoso
- ⟳ **lawn mowed** ▸ grama podada
- ⟳ **laundry washed** ▸ roupa lavada
- ⟳ **hot meals on the table** ▸ as refeições quentinhas na mesa
- ⟳ **some of the swelling had gone down** ▸ um pouco do inchaço já havia diminuído
- ⟳ **he could see a little out of his left eye** ▸ ele conseguia enxergar um pouco com o olho esquerdo

Sorria, você está praticando inglês! • **109**

- ⟳ **enough to fix himself a sandwich** ⊱ o suficiente para fazer um sanduíche sozinho
- ⟳ **load the dishwasher** ⊱ carregar a máquina de lavar louça

66 tourists | turistas

The Mexican and the Donkey

A tourist is in a **sleepy Mexican village**, when he **realizes** he has forgotten to **wear his watch**. He sees a **local sleeping in the shade cast by his donkey**, and decides to **ask him the time**.
When asked the time, the local **sleepily reaches up** and **lifts the donkey's testicles in his hand** and says "Twelve thirty senõr"
The tourist is amazed, and **rushes** to tell his friends about the Mexican who can **tell the time from the weight of his donkey's testicles**!
They all rush back to see, and ask him the time again. Again he lifts the donkey's testicles and this time he says "12:45 señor"
The tourists are all amazed, and one has to know how he can tell the time by lifting his donkey's testicles, so he asks.
The Mexican lifts the testicles again and says **"See that clock over there...?"**

- ⟳ **donkey** ⊱ burro
- ⟳ **sleepy Mexican village** ⊱ vilarejo mexicano bem pacato
- ⟳ **realizes** ⊱ percebe

- ↪ **wear his watch** ▸ colocar o relógio
- ↪ **local** ▸ morador local
- ↪ **sleeping in the shade cast by his donkey** ▸ dormindo na sombra projetada por seu burro
- ↪ **ask him the time** ▸ perguntar as horas para ele
- ↪ **sleepily** ▸ meio sonolento
- ↪ **reaches up** ▸ ergue o braço
- ↪ **lifts the donkey's testicles** ▸ levanta os testículos do burro
- ↪ **in his hand** ▸ com a mão
- ↪ **the tourist is amazed** ▸ o turista fica espantado
- ↪ **rushes** ▸ sai apressado
- ↪ **tell the time** ▸ dizer as horas
- ↪ **from the weight of his donkey's testicles** ▸ por meio do peso dos testículos do burro
- ↪ **see that clock over there...?** ▸ está vendo aquele relógio lá na frente...?

Sorria, você está praticando inglês! • **111**

67 **the army** | o exército

I Don't Wanna Go to War

A guy was running down the street when he **came up to a nun**. He said to the nun **"They're after me**. I don't want to go to Afghanistan. Can I **hide under your dress**?" The nun said "**Sure.**" A few minutes later a couple of soldiers ran up and asked the nun "Did you see a guy running by here?" The nun said "He **went that way.**" They **ran off.**

After they had left, the guy **climbed out** from under her dress and said "Thank you, sister. You saved my life. I didn't want to go to Afghanistan. **By the way, I hope you're not offended for me saying so,** but you have **a beautiful set of legs.**" The nun said "**If you had looked a bit higher, you would have seen a great set of balls. I don't want to go to Afghanistan, either.**"

- ↻ **I don't wanna go to war** ▸ eu não quero ir para a guerra
- ↻ **came up to a num** ▸ aproximou-se de uma freira
- ↻ **they're after me** ▸ eles estão atrás de mim
- ↻ **hide under your dress** ▸ esconder-me embaixo do seu vestido
- ↻ **sure** ▸ claro
- ↻ **went that way** ▸ foi por aquele lado
- ↻ **ran off** ▸ saíram em disparada
- ↻ **climbed out** ▸ saiu
- ↻ **by the way** ▸ a propósito
- ↻ **I hope you're not offended** ▸ eu espero que a irmã não se ofenda
- ↻ **for me saying so** ▸ por eu dizer isto
- ↻ **a beautiful set of legs** ▸ um belo par de pernas

- ➲ **if you had looked a bit higher** ▸ se você tivesse olhado um pouquinho mais acima
- ➲ **you would have seen a great set of balls** ▸ você teria visto um belo par de bolas
- ➲ **I don't want to go to Afghanistan, either** ▸ eu também não quero ir para o Afeganistão

68 **blondes** | loiras

The Skydiving Accident

A blonde is **watching the news** with her **husband** when the **newscaster** says 'Two Brazilian men die in a skydiving accident.'
The blonde starts crying to her husband, **sobbing** 'That's horrible!!! So many men dying that way!'
Confused, he says, 'Yes dear, it is **sad**, but they were skydiving, and there is always that risk involved.'
After a few minutes, the blonde, still sobbing, says, '**How many is a Brazilian?**'

- ➲ **skydiving accident** ▸ acidente de paraquedas
- ➲ **watching the news** ▸ assistindo ao jornal
- ➲ **husband** ▸ marido
- ➲ **newscaster** ▸ apresentador
- ➲ **sob** ▸ chorando e soluçando

- **sad** ▶ triste
- **how many is a Brazilian?** ▶ quantos são um zilhão? (brincadeira com a pronúncia da palavra "Brazilian" que rima com "bazillion", — gíria que significa "uma enorme quantidade, milhões etc.")

69 Texans | texanos

The Texan and the Irishman

A Texan, visiting Ireland to **check out his family history, ends up talking** to an Irish Farmer. The Texan asks "**How big is your spread here, boy?**" The Irish farmer says "Well, she **goes up to the barn over there**, then out to the road, then down the road to the **creek**, then back here. That's all my property." The Texan says "**Hell, back in Texas** I get in my car

at the crack of dawn, and I drive, and drive and drive, and **by sundown** I **still haven't driven all around my property**." The Irish farmer **laughs**, **slaps his knee** and says "Yeah **I know exactly what you mean. I once had a car like that myself."**

- ⟳ **check out his family history** ▶ pesquisar a história da família
- ⟳ **ends up talking** ▶ acaba conversando
- ⟳ **how big is your spread here, boy?** ▶ qual é o tamanho da sua propriedade aqui, compadre?
- ⟳ **goes up to the barn over there** ▶ vai até o celeiro lá na frente
- ⟳ **creek** ▶ riacho
- ⟳ **hell, back in Texas** ▶ puxa, lá longe no Texas
- ⟳ **at the crack of dawn** ▶ no começo do dia
- ⟳ **by sundown** ▶ até o pôr do sol
- ⟳ **still haven't driven all around my property** ▶ ainda não percorri toda a minha propriedade
- ⟳ **laughs** ▶ solta uma gargalhada
- ⟳ **slaps his knee** ▶ dá um tapa no joelho
- ⟳ **I know exactly what you mean, I once had a car like that myself** ▶ eu sei exatamente como o senhor. se sente, eu também já tive um carro igualzinho a esse.

*Sorria, você está praticando inglês! • **115***

70 **marriage** | casamento

The Ex-Wife's Revenge

She spent the first day **packing her belongings** into **boxes, crates, and suitcases**.
On the second day, she **had the movers come and collect her things**.
On the third day, she sat down for the last time at their beautiful **dining room table by candlelight, put on some soft background music**, and **feasted on a pound of shrimp, a jar of caviar**, and **a bottle of Chardonnay**.
When she had finished, she went into **each and every room** and **stuffed half-eaten shrimp shells dipped in caviar** into **the hollow of all of the curtain rods**.
She then **cleaned up the kitchen** and left.
When the husband returned with his new girlfriend, **all was bliss** for the first few days. Then, **slowly**, the house **began to smell**. They tried everything: cleaning, **mopping**, and **airing the place out**. **Vents** were checked for **dead rodents**, carpets were **steam cleaned**, and **air fresheners** were **hung** everywhere!

Exterminators were brought in to set off gas canisters, during which they had to **move out** for a few days, and **in the end** they even paid to **replace** the expensive **wool carpeting. Nothing worked**.
People stopped **coming over to visit. Repairmen** refused to work in the house.
The maid quit.

Finally, they **could not take the stench any longer** and decided to move and **put the house up for sale**.

A month later, **even though they had cut their price in half**, they could not **find a buyer** for their **stinky house. Word got out**, and, **eventually**, even the local **realtors** refused to **return their calls**.

Finally, they had to **borrow a huge sum of money** from the bank to **purchase a new place**. The ex-wife called the man and **asked how things were going**. He told her the saga of **the rotting house**.

She **listened politely** and said that she **missed her old home terribly** and **would be willing to reduce her divorce settlement in exchange of getting the house back**.

Knowing his ex-wife had no idea how bad the smell was, he **agreed on a price** that was about 1/10th of what the house **had been worth**, but **only if she were to sign the papers that very day**.

She agreed, and, within the hour, his **lawyers delivered the paperwork**.

A week later, the man and his girlfriend **stood smiling** as they watched the **moving company pack everything** to take to their new home, including the curtain rods.

- ↻ **ex-wife's revenge** ▸ vingança da ex-mulher
- ↻ **packing her belongings** ▸ encaixotando os objetos pessoais dela
- ↻ **boxes** ▸ caixas
- ↻ **crates** ▸ caixotes
- ↻ **suitcases** ▸ malas
- ↻ **had the movers come and collect her things** ▸ chamou o pessoal da mudança para buscar as coisas dela
- ↻ **dining room table** ▸ mesa de jantar

Sorria, você está praticando inglês! • **117**

- **by candlelight** ▸ iluminada à luz de vela
- **put on some soft background music** ▸ colocou uma música suave de fundo
- **feasted on a pound of shrimp** ▸ esbaldou-se com meio quilo de camarão
- **a jar of caviar** ▸ um pote de caviar
- **a bottle of Chardonnay** ▸ uma garrafa de vinho Chardonnay
- **each and every room** ▸ cada um dos quartos
- **stuffed half-eaten shrimp shells dipped in caviar** ▸ enfiou casquinhas de camarão comidas pela metade mergulhados em caviar
- **the hollow of all the curtain rods** ▸ o vão de todos os varões de cortina
- **cleaned up the kitchen** ▸ limpou toda a cozinha
- **all was bliss** ▸ foi tudo uma maravilha
- **slowly** ▸ aos poucos
- **began to smell** ▸ começou a cheirar mal
- **mopping** ▸ passar pano de chão
- **airing the place out** ▸ arejar a casa
- **vents** ▸ os dutos de ventilação
- **dead rodents** ▸ ratos mortos
- **steam cleaned** ▸ limpos a vapor
- **air fresheners** ▸ odorizantes
- **hung** ▸ pendurados
- **exterminators were brought in to set off gas canisters** ▸ exterminadores de insetos foram chamados para dedetizar a casa com gás
- **move out** ▸ ficar fora de casa

- **in the end** ▸ no fim das contas
- **replace** ▸ substituir
- **wool carpeting** ▸ carpete de lã
- **nothing worked** ▸ nada deu certo
- **coming over to visit** ▸ vir para visitá-los
- **repairmen** ▸ os técnicos de serviços gerais
- **the maid quit** ▸ a empregada pediu demissão
- **could not take the stench any longer** ▸ não estavam suportando mais o fedor
- **put the house up for sale** ▸ colocar a casa à venda
- **even though they had cut their price in half** ▸ mesmo tendo baixado o preço pela metade
- **find a buyer** ▸ encontrar um comprador
- **stinky house** ▸ casa fedorenta
- **word got out** ▸ a história se espalhou
- **eventually** ▸ por fim
- **realtors** ▸ corretores de imóveis
- **return their calls** ▸ retornar as ligações
- **borrow a huge sum of money** ▸ tomar emprestado uma enorme quantia de dinheiro
- **purchase a new place** ▸ comprar uma casa nova
- **asked how things were going** ▸ perguntou como as coisas estavam indo
- **the rotting house** ▸ a casa que estava apodrecendo
- **listened politely** ▸ ouvir educadamente
- **missed her old home terribly** ▸ sentia uma falta enorme da sua antiga casa

- **would be willing to reduce her divorce settlement** ‣ estaria disposta a reduzir o acordo de divórcio
- **in exchange of getting the house back** ‣ em troca de ter a casa de volta
- **agreed on a price** ‣ concordou com um valor
- **had been worth** ‣ valia
- **only if she were to sign the papers** ‣ só se fosse para ela assinar os papéis
- **that very day** ‣ naquele mesmo dia
- **lawyers** ‣ advogados
- **delivered the paperwork** ‣ entregaram a papelada
- **stood smiling** ‣ estavam rindo
- **moving company pack everything** ‣ empresa de mudanças encaixotar tudo

71 **blondes** | loiras

Three Women Stranded on an Island

There were three people **stranded on an island**, a **brunette**, a **redhead**, and a blonde. The brunette looked over the water to **the mainland** and estimated about **20 miles to shore**. So she announced, "I'm going to try to **swim to shore**."

So she swam out five miles, and **got really tired**. She swam out ten miles from the island, and she was **too tired to go on**, so she **drowned**.

The second one, the redhead, said to herself, "**I wonder if she made it**." I guess it's better to try to get to the mainland than stay here and **starve**." So she **attempts to swim out**. The redhead had a lot more **endurance** than the brunette, as she swam out 10 miles before she even got tired. After 15 miles, she was too tired to go on, so she drowned.

So the blonde thought to herself, "I wonder if they made it! I think I'd better try to make it, too." So she swam out 5 miles, ten miles, 15 miles, NINETEEN miles from the island. **The shore was just in sight**, but she said, "I'm too tired to go on!"

So she swam back...

- ⟳ **stranded on an island** ▸ presas numa ilha
- ⟳ **brunette** ▸ morena
- ⟳ **redhead** ▸ ruiva
- ⟳ **the mainland** ▸ o continente
- ⟳ **20 miles to shore** ▸ 20 milhas até a praia
- ⟳ **swim to shore** ▸ nadar até a praia
- ⟳ **got really tired** ▸ ficou bastante cansada
- ⟳ **too tired to go on** ▸ cansada demais para continuar
- ⟳ **drowned** ▸ se afogou
- ⟳ **I wonder if she made it** ▸ será que ela conseguiu?
- ⟳ **starve** ▸ morrer de fome
- ⟳ **attempts to swim out** ▸ tenta sair da ilha nadando
- ⟳ **endurance** ▸ resistência
- ⟳ **the shore was just in sight** ▸ já dava para ver a praia
- ⟳ **so she swam back** ▸ aí ela deu meia volta e voltou nadando

Sorria, você está praticando inglês! • **121**

72 **the elderly** | idosos

Do I Really Look That Old?

Have you ever been guilty of looking at others your own age and thinking, "Surely I can't look that old?!"

Well, my name is Alice Smith and I was sitting in the **waiting room** for my first **appointment with a new dentist**. I noticed his diploma, which **bore his full name**.

Suddenly I remembered a tall, **handsome, dark-haired boy** with the same name had been in my **high school class some 40-odd years ago**. Could he be **the same guy that I had a secret crush on, way back then**?

Upon seeing him, however, I **quickly discarded any such thought**. This **bald, grey-haired** man with the **deeply lined face** was **way too old** to have been my **classmate**.

After he examined my teeth, I asked him if he **had attented** Morgan Park High School. "Yes. Yes, I did. **I'm a Mustang**," he **gleamed with pride**.

"**When did you graduate?**" I asked.

He answered, "In 1963. Why do you ask?"

"You were in my class!" I exclaimed.

He **looked at me closely. Then that ugly, old, bald-headed, wrinkled, fat, gray-haired, decrepid old man asked...**

"**What did you teach?**"

- ↪ **do I really look that old?** ⊱ eu pareço tão velho assim?
- ↪ **have you ever been guilty of looking at others your own age** ⊱ você já se pegou olhando para outras pessoas da sua idade

- **waiting room** ▸ sala de espera
- **appointment with a new dentist** ▸ consulta com um novo dentista
- **bore his full name** ▸ trazia seu nome completo
- **suddenly** ▸ de repente
- **handsome** ▸ bonito
- **dark-haired boy** ▸ garoto de cabelos pretos
- **high school class** ▸ classe do colégio
- **some 40-odd years ago** ▸ cerca de uns 40 anos atrás
- **the same guy that I had a secret crush on** ▸ o mesmo cara por quem eu era secretamente apaixonada
- **way back then** ▸ há muito tempo atrás
- **upon seeing him** ▸ ao vê-lo
- **quickly discarded any such thought** ▸ rapidamente descartei aquele pensamento
- **bald** ▸ careca
- **gray-haired** ▸ de cabelos grisalhos
- **deeply lined face** ▸ rosto todo enrugado
- **way too old** ▸ velho demais
- **classmate** ▸ colega de classe
- **had attended** ▸ havia frequentado
- **I'm a Mustang** ▸ eu era do time dos *Mustang*
- **gleamed with pride** ▸ gabou-se com orgulho
- **when did you graduate?** ▸ quando foi a sua formatura?
- **looked at me closely** ▸ olhou bem para mim

Sorria, você está praticando inglês! • **123**

> **Then that ugly, bald-headed, wrinkled, fat, gray-haired, decrepid old man asked...** ▹ Aí aquele homem velho decrépito, de cabelos grisalhos, gordo, cheio de rugas, careca e feio perguntou...
> **what did you teach?** ▹ que matéria você lecionava?

73 **marriage** | casamento

Breast Enlargement

Fresh from the shower, I **stood in front of the mirror complaining to my husband** that my **breasts** were too small.

Instead of characteristically telling me **it's not so**, he uncharacteristically **came up with a suggestion**. "**If you want your breasts to grow**, then every day **take a piece of toilet paper** and **rub it between them** for a few seconds." **Willing to try anything**, I **fetched a piece of toilet** paper and stood in front of the mirror, rubbing it between my breasts.

"**How long will this take?**", I asked.

"They will grow larger over a period of years", my husband replies.

I stopped. "Do you really think rubbing a piece of toilet paper between my breasts every day will make my breasts bigger over the years?"

Without missing a beat he says, "**Worked for your butt, didn't it?**"

> **breast enlargement** ▹ aumento de seios
> **fresh from the shower** ▹ acabado de sair do banho

- ↻ **stood in front of the mirror** ⊳ fiquei parada em frente ao espelho
- ↻ **complaining to my husband** ⊳ reclamando para o meu marido
- ↻ **instead of** ⊳ em vez de
- ↻ **it's not so** ⊳ não é bem assim
- ↻ **came up with a suggestion** ⊳ saiu com uma sugestão
- ↻ **If you want your breasts to grow** ⊳ se você quiser que os seus seios fiquem maiores
- ↻ **take a piece of toilet paper** ⊳ pegue um pedaço de papel higiênico
- ↻ **rub it between them** ⊳ passe-o entre eles
- ↻ **willing to try anything** ⊳ disposta a fazer qualquer coisa
- ↻ **fetched** ⊳ fui pegar
- ↻ **how long will this take?** ⊳ quanto tempo isso vai levar?
- ↻ **without missing a beat** ⊳ sem perder tempo
- ↻ **worked for your butt, didn't it?** ⊳ deu certo com o seu traseiro, não?

74 **marriage** | casamento

The Good Husband

Jack **wakes up with a huge hangover after attending his company's party.** Jack is not normally a **drinker**, but the drinks **didn't taste like alcohol at all**. He didn't even remember how he got home from the party. As bad as he was feeling, he **wondered if he'd done something wrong**. Jack **had to force himself to open his eyes**, and the first thing he sees is a couple of aspirins next to a glass of water on the **side table**. And, next to them, a single red rose!! Jack **sits up** and sees his **clothing** in front of him, all **clean and pressed**.

He looks around the room and sees that it is in perfect order, **spotlessly clean**. So is the rest of the house.

He takes the aspirins, **cringes** when he sees **a huge black eye staring back at him** in the bathroom mirror. Then he notices **a note hanging on the corner of the mirror** written in red with little hearts on it and a **kiss mark** from his wife in **lipstick**:

*"Honey, breakfast is **on the stove**, I left early to **get groceries** to make you your favorite dinner tonight.*

I love you, darling! Love, Jillian"

He **stumbles to the kitchen** and **sure enough**, there is hot breakfast, **steaming hot coffee** and the morning newspaper.

His 16-year-old son is also at the table, eating. Jack asks, "Son ... what happened last night?"

"Well, you came home after 3am, **drunk and out of your mind**. You fell over the coffee table and broke it, and then you **puked** in the **hallway**, and got that black eye when you **ran into the door**."

Confused, he asked his son, "So, why is everything in such perfect order and so clean? I have a rose, and breakfast is on the table waiting for me??"

His son replies, "Oh THAT... Mom **dragged you to the bedroom**, and when she tried to **take your pants off**, you **screamed**, "**Leave me alone, bitch. I'm married!!**"

Broken Coffee Table $239.99

Hot Breakfast $4.20

Two Aspirins $.38

Saying the right thing, at the right time: PRICELESS!

- **husband** ▸ marido
- **wakes up with a huge hangover** ▸ acordou com uma puta ressaca
- **after attending his company's party** ▸ depois de participar de uma festa na empresa
- **drinker** ▸ beberrão
- **didn't taste like alcohol at all** ▸ não tinham gosto de álcool de maneira alguma
- **wondered if he'd done something wrong** ▸ ficou imaginando se tinha feito alguma coisa errada
- **had to force himself to open his eyes** ▸ teve que se esforçar para abrir os olhos
- **side table** ▸ criado mudo
- **sits up** ▸ senta-se
- **clothing** ▸ roupas
- **clean and pressed** ▸ limpas e passadas
- **spotlessly clean** ▸ impecavelmente limpo
- **cringes** ▸ se encolhe com dor
- **a huge black eye** ▸ um enorme olho roxo
- **staring back at him** ▸ refletindo no espelho
- **a note hanging on the corner of the mirror** ▸ um bilhete pendurado no cantinho do espelho
- **kiss mark** ▸ marca de beijo
- **lipstick** ▸ batom
- **on the stove** ▸ no fogão
- **get groceries** ▸ fazer compras
- **stumbles to the kitchen** ▸ vai cambaleando até a cozinha
- **sure enough** ▸ como era de se esperar

- **steaming hot coffee** ⮞ café quente
- **drunk and out of your mind** ⮞ completamente bêbado
- **puked** ⮞ vomitou
- **hallway** ⮞ corredor
- **ran into the door** ⮞ bateu com o rosto na porta
- **dragged you to the bedroom** ⮞ te arrastou para o quarto
- **take your pants off** ⮞ tirar as suas calças
- **screamed** ⮞ berrou
- **leave me alone, bitch. I'm married** ⮞ me deixa em paz, sua vaca. Eu sou casado
- **saying the right thing, at the right time: PRICELESS!** ⮞ dizer a coisa certa, na hora certa: não tem preço!

75 **marriage** | casamento

The Man of the House

MAN I've been thinking... I'm the MAN of this house, so starting tomorrow I want you to **have a hot, delicious meal ready** for me the second I **walk thru that door**... **Afterwards**, while watching ESPN and relaxing in my chair, you'll bring me my **slippers** and then **run my bath, guess who's going to dress me and comb my hair**?

WOMAN **The funeral director**

- **have a hot, delicious meal ready** ⊳ preparar uma refeição deliciosa e quentinha
- **the second I walk thru that door** ⊳ assim que eu entrar por aquela porta
- **afterwards** ⊳ depois
- **slippers** ⊳ chinelos
- **run my bath** ⊳ preparar o meu banho
- **guess who's going to dress me and comb my hair** ⊳ adivinha quem vai me vestir e pentear o meu cabelo
- **the funeral director** ⊳ o agente funerário

76 **parties** | festas

The Neighbour's Party

Sam has been in the computer business for 25 years and is finally **sick and tired of the stress**. He **quits his job** and buys **50 hectares of land** in Vermont as far away from humanity as possible.

Sam sees the **postman** once a week and **gets groceries** once a month. **Otherwise** it's total **peace and quiet**. After six months or so of almost total isolation, he's finishing dinner when someone **knocks on his door**. He opens it and there is a big, **bearded** Vermonter **standing there**.

'Name's Enoch... Your **neighbor** from four miles **over the ridge**... **Having a party Saturday... thought you'd like to come**.'

'Great,' says Sam, 'after six months of this I'm ready to meet some **local folks**. Thank you.'

As Enoch is leaving he stops, '**Gotta warn you there's gonna be some drinkin'**!'

'Not a problem... after 25 years in the computer business, I can drink with the best of them.'

Again, as he starts to leave Enoch stops. '**More 'n' likely gonna be some fightin', too.**'

Damn, Sam thinks... **tough crowd**. 'Well, I **get along with people**. I'll be there. Thanks again.'

Once again Enoch turns from the door. '**I've seen some wild sex at these parties, too**.'

'Now that's not a problem', says Sam, 'Remember I've been alone for six months! I'll definitely be there ... **by the way**, **what should I wear to the party?**'

Enoch stops in the door again and says '**Whatever you want, it's just gonna be the two of us!**'

- ↻ **neighbor's party** ▹ festa na casa do vizinho
- ↻ **sick and tired of the stress** ▹ cansado do estresse
- ↻ **quits his job** ▹ pede demissão do emprego
- ↻ **50 hectares of land** ▹ 50 hectares de terra
- ↻ **postman** ▹ carteiro
- ↻ **gets groceries** ▹ compra comida
- ↻ **otherwise** ▹ fora isso
- ↻ **peace and quiet** ▹ paz e tranquilidade

- **knocks on his door** ‣ bate na porta
- **bearded** ‣ barbudo
- **standing there** ‣ parado lá
- **over the ridge** ‣ do outro lado da montanha
- **having a party Saturday** ‣ vou dar uma festa no sábado
- **thought you'd like to come** ‣ achei que você gostaria de vir
- **local folks** ‣ pessoas da região
- **gotta warn you** ‣ tenho que alertá-lo
- **there's gonna be some drinkin'** ‣ vai ter um pouco de bebida
- **more 'n' likely gonna be some fightin'** ‣ e mais, acho que vai rolar uma luta também
- **damn** ‣ caramba
- **tough crowd** ‣ pessoal durão
- **get along with people** ‣ me dou bem com as pessoas
- **I've seen some wild sex at these parties, too** ‣ eu já vi cenas fortes de sexo rolando nestas festas também
- **by the way** ‣ a propósito
- **what should I wear to the party** ‣ o que eu devo vestir para a festa
- **whatever you want** ‣ o que você quiser
- **it's just gonna be the two of us** ‣ só vai ser nós dois

77 **golf** | golfe

Hit with a Golf Ball

Two women were playing golf. One **teed off** and watched in horror as her ball **headed directly toward a foursome of men playing the next hole**. The ball **hit** one of the men. He immediately **clasped his hands together at his groin, fell to the ground** and **proceeded to roll around in agony**.

The woman **rushed down to the man**, and immediately began to **apologize**.

'**Please allow me to help**. I'm a **physical therapist** and I know I could **relieve your pain** if you'd allow me,' she told him.

'Oh no, **I'll be all right. I'll be fine** in a few minutes,' the man replied. He was in obvious agony, **lying in the fetal position**, still clasping his hands together at his groin. **At her persistence**, however, he finally allowed her to help.

She gently **took his hands away** and **laid them to the side, loosened his pants** and put her hands inside.

She **administered tender and artful massage** for several long moments and asked, **'How does that feel'?**

He replied: 'It feels great, but I still think my **thumb**'s broken.'

- ↻ **hit with a golf ball** ⁖ atingido por uma bola de golfe
- ↻ **teed off** ⁖ deu a tacada inicial
- ↻ **headed directly toward a foursome of men** ⁖ foi direto na direção de um grupo de homens

- **playing the next hole** ▹ jogando um pouco mais à frente
- **clasped his hands together at his groin** ▹ colocou as mãos juntas na virilha
- **fell to the ground** ▹ caiu no chão
- **proceeded to roll around in agony** ▹ começou a rolar no chão de dor
- **rushed down to the man** ▹ correu até o cara
- **apologize** ▹ pedir desculpas
- **please allow me to help** ▹ por favor, deixe-me ajudar
- **physical therapist** ▹ fisioterapeuta
- **relieve your pain** ▹ aliviar a sua dor
- **I'll be all right** ▹ eu vou ficar bem
- **I'll be fine** ▹ eu vou ficar legal
- **lying in the fetal position** ▹ deitado em posição fetal
- **at her persistence** ▹ de tanto ela insistir
- **took his hands away** ▹ afastou as mãos dele
- **laid them to the side** ▹ colocou-as de lado
- **loosened his pants** ▹ afrouxou a calça dele
- **administered tender and artful massage** ▹ fez uma massagem suave e com maestria
- **how does that feel?** ▹ como você está se sentindo?
- **thumb** ▹ polegar

78 **marriage** | casamento

You Have One Wish

A guy is walking on the beach...**upset about his recent divorce**. She was a horrible **abusive wife**, but was still able to **clean him out.** He finds an **unusual bottle, half buried in the sand**...as he **digs it out** and **wipes the sand off a geni appears....**" You have one wish..., but what ever you ask for, your ex-wife **will get double**"!!
After some thought the man says "**beat me half to death**"

- **you have one wish** ⇒ você tem direito a um desejo
- **upset about his recent divorce** ⇒ chateado por causa do recente divórcio

- ↺ **abusive wife** ⊳ esposa folgada
- ↺ **clean him out** ⊳ arrancar todo o dinheiro dele
- ↺ **unusual bottle** ⊳ uma garrafa estranha
- ↺ **half buried in the sand** ⊳ enterrada pela metade na areia
- ↺ **digs it out** ⊳ a desenterra
- ↺ **wipes the sand off** ⊳ limpa a areia de cima
- ↺ **a geni appears** ⊳ um gênio da lâmpada aparece
- ↺ **will get double** ⊳ receberá em dobro
- ↺ **after some thought** ⊳ após pensar por um instante
- ↺ **beat me half to death** ⊳ me espanque até eu quase morrer

79 **men vs. women** | homens vs. mulheres

The Bathroom

A man has five items in his bathroom: a **toothbrush, shaving cream, razor**, a **bar of soap**, and a **towel from the Marriott**.
The average number of items in the typical woman's bathroom is 337.
A man **would not be able to identify** most of these items.

- ↺ **bathroom** ⊳ banheiro
- ↺ **toothbrush** ⊳ escova de dente
- ↺ **shaving cream** ⊳ creme de barbear
- ↺ **razor** ⊳ barbeador
- ↺ **bar of soap** ⊳ sabonete

- **towel from the Harriott** ⮞ toalha do Hotel Harriott
- **the average number of items** ⮞ o número médio de itens
- **would not be able to identify** ⮞ não seria capaz de identificar

80 relationships | relacionamentos

The Last Word

A woman **has the last word in any argument**.
Anything a man says after that is the beginning of a new argument.

- **has the last word in any argument** ⮞ dá a última palavra em qualquer discussão

81 men vs. women | homens vs. mulheres

Cats

Women love cats.
Men say they love cats, but when women aren't looking, **men kick cats**.

- **men kick cats** ⮞ os homens chutam os gatos

82 **men vs. women** | homens vs. mulheres

The Future

A woman **worries about the future until she gets a husband**. A man never worries about the future until he gets a wife.

- ↻ **worries about the future** ▸ se preocupa com o futuro
- ↻ **until she gets a husband** ▸ até ela arrumar um marido

83 **men vs. women** | homens vs. mulheres

Success

A successful man is one who **makes more money than his wife can spend**. A successful woman is one who can find **such a man**.

- ↻ **makes more money than his wife can spend** ▸ ganha mais dinheiro do que a sua mulher consegue gastar
- ↻ **such a man** ▸ um homem desses

84 **men vs. women** | homens vs. mulheres

Changes

A woman marries a man **expecting he will change**, but he doesn't. A man marries a woman expecting that she won't change... and she does.

- ↻ **changes** ⯈ mudanças
- ↻ **expecting he will change** ⯈ esperando que ele vá mudar

85 **men vs. women** | homens vs. mulheres

What to Wear

A woman **will dress up to go shopping**, **water the plants**, **empty the garbage**, **answer the phone**, read a book, and **get the mail**. A man will dress up for **weddings and funerals**.

- ↻ **what to wear** ⯈ o que usar
- ↻ **will dress up to go shopping** ⯈ veste roupa chique para ir às compras
- ↻ **water the plants** ⯈ regar as plantas
- ↻ **empty the garbage** ⯈ esvaziar a lixeira
- ↻ **answer the phone** ⯈ atender ao telefone
- ↻ **get the mail** ⯈ pegar as correspondências na caixa de correio
- ↻ **weddings and funerals** ⯈ casamentos e funerais

86 **men vs. women** | homens vs. mulheres

Children

Ah, children. A woman knows all about her children. She knows about **dentist appointments** and romances, best friends, favorite foods, **secret fears and hopes** and dreams.
A man is vaguely aware of some short people living in the house.

- ⮌ **children** ⁑ filhos
- ⮌ **dentist appointments** ⁑ consultas ao dentista
- ⮌ **secret fears and hopes** ⁑ medos e esperanças íntimas
- ⮌ **a man is vaguely aware of some short people living in the house** ⁑ um homem tem uma breve lembrança de pequenas criaturas morando na casa

87 **blondes** | loiras

Office Hours

Three girls all worked in the same office with the same **female boss**. Each day, they noticed the boss **left work early**.
One day, the girls decided that, when the boss left, they would leave **right behind her**.

After all, she never called or came back to work, so how would she know they **went home early**?

The **brunette was thrilled to be home early**. She **did a little gardening, spent playtime with her son**, and **went to bed early**.

The **redhead was elated to be able to get in a quick workout** at the spa before **meeting a dinner date**.

The blonde was happy to get home early and **surprise her husband**, but when she got to her bedroom, she **heard a muffled noise from inside**. Slowly and quietly, she **cracked open the door** and **was mortified** to see her husband in bed with her boss! **Gently** she closed the door and **crept out of her house**.

The next day, at their **coffee break**, the brunette and redhead planned to leave early again, and they asked the blonde if she was going to go with them.

'**No way**,' the blonde exclaimed 'I **almost got caught** yesterday.'

- ↻ **office hours** ▸ horas de expediente
- ↻ **female boss** ▸ chefe mulher
- ↻ **left work early** ▸ saía mais cedo do serviço
- ↻ **right behind her** ▸ logo atrás dela
- ↻ **after all** ▸ afinal de contas
- ↻ **went home early** ▸ teriam ido para casa mais cedo
- ↻ **brunette** ▸ morena
- ↻ **was thrilled to be home early** ▸ estava muito contente por estar em casa mais cedo
- ↻ **did a little gardening** ▸ deu uma arrumada no jardim
- ↻ **spent playtime with her son** ▸ passou a hora brincando com o filho
- ↻ **went to bed early** ▸ foi para cama cedo

- **redhead** ▸ ruiva
- **was elated to be able to get in a quick workout** ▸ estava supercontente por arrumar um tempinho para malhar um pouco
- **meeting a dinner date** ▸ encontrar-se com um paquera para jantar
- **surprise her husband** ▸ surpreender o marido
- **heard a muffled noise from inside** ▸ ouviu um barulho abafado que vinha de dentro
- **cracked open the door** ▸ abriu a porta só um pouquinho
- **was mortified** ▸ ficou horrorizada
- **gently she closed the door** ▸ bem devagar ela fechou a porta
- **crept out of the house** ▸ saiu de fininho da casa
- **coffee break** ▸ intervalo para tomar café
- **no way** ▸ de jeito nenhum
- **almost got caught** ▸ quase fui pega

88 school | escola

The School Answering Machine

This is hilarious. **No wonder** some people were offended! This is the message that the Pacific Palisades High School California **staff voted unanimously to record** on their school telephone answering machine. This is **the actual answering machine message** for the school. **This came about** because they **implemented a policy requiring** students and parents to be responsible for their children's absences and **missing homework**.

The school and teachers **are being sued by parents** who want their children's **failing grades changed to passing grades – even though** those children were absent 15-30 times during the semester and did not complete enough school work **to pass their classes**.

The **outgoing message**:

Hello! **You have reached** the automated answering service of your school. **In order to assist you** in connecting to the right staff member, please listen to all the options before making a selection:

To lie about why your child is absent - Press 1

To **make excuses** for why your child did not do his work - Press 2

To complain about what we do - Press 3

To **swear at staff members** - Press 4

To ask why you didn't get information that was already **enclosed in your newsletter** and several **flyers** mailed to you - Press 5

If you want us to **raise your child** - Press 6

If you want to **reach out and touch, slap or hit someone** - Press 7

To **request another teacher**, for the third time this year - Press 8

To complain about bus transportation - Press 9

To complain about school lunches - Press 0

If you realize this is the real world and your child must be accountable and responsible for his/her own behavior, class work, homework and that it's not the teachers' fault for your child's **lack of effort: Hang up and have a nice day**!

- ↻ **answering machine** ▸ secretária eletrônica
- ↻ **no wonder** ▸ não é de se imaginar
- ↻ **staff** ▸ funcionários

- **voted unanimously** ‣ votaram em peso
- **record** ‣ gravar
- **the actual answering machine message** ‣ a mensagem real gravada na secretária eletrônica
- **this came about** ‣ isto surgiu
- **implemented a policy** ‣ implementaram uma política
- **requiring** ‣ solicitando
- **missing homework** ‣ lição de casa não entregue
- **are being sued by parents** ‣ estão sendo processados pelos pais
- **failing grades changed to passing grades** ‣ notas vermelhas alteradas para notas azuis
- **even though** ‣ mesmo que
- **to pass their classes** ‣ para passar de ano
- **outgoing message** ‣ mensagem gravada
- **you have reached** ‣ você ligou para
- **in order to assist you** ‣ a fim de auxiliá-lo
- **make excuses** ‣ inventar desculpas
- **swear at staff members** ‣ xingar os funcionários
- **flyers** ‣ panfletos
- **raise your child** ‣ criar seu filho
- **reach out and touch, slap or hit someone** ‣ contactar alguém ou dar um tabefe ou bater em alguém
- **request another teacher** ‣ solicitar a troca de professor
- **if you realize this is the real world** ‣ se você perceber que este é o mundo real
- **lack of effort** ‣ falta de esforço
- **hang up and have a nice day** ‣ desligue o telefone e tenha um bom dia

Sorria, você está praticando inglês! • **143**

89 **the elderly** | idosos

Rye Bread

Two old guys, one 80 and one 87, were sitting on their usual **park bench** one morning.

The 87-year-old had just finished his **morning jog** and **wasn't even short of breath**.

The 80-year-old was **amazed at his friend's stamina** and asked him what he did to have so much energy.

The 87-year-old said, 'Well, I eat rye bread every day. It keeps your energy level high and you'll have great stamina with the ladies.'

So, **on the way home**, the 80-year-old stops at the **bakery**. As he was **looking around**, the lady asked if he needed any help.

He said, 'Do you have any rye bread?'

She said, 'Yes, **there's a whole shelf of it**. Would you like some?'

He said, 'I want 5 **loaves**.'

She said, '**My goodness!** 5 loaves!! ... **by the time you get to the 5th loaf, it'll be hard**.'

He replied, '**I can't believe it, everybody in the world knows about this but me.**'

- ↻ **rye bread** ⊳ pão de centeio
- ↻ **park bench** ⊳ banco da praça
- ↻ **morning jog** ⊳ corrida matinal
- ↻ **wasn't even short of breath** ⊳ nem estava sem fôlego

- **amazed at his friend's stamina** ▸ impressionado com a resistência do seu amigo
- **on the way home** ▸ no caminho de casa
- **bakery** ▸ padaria
- **looking around** ▸ dando uma olhada
- **there's a whole shelf of it** ▸ tem uma prateleira inteira daquilo
- **loaves** ▸ pães
- **my goodness!** ▸ meu Deus!
- **by the time you get to the 5ᵗʰ loaf, it'll be hard** ▸ quando você chegar ao quinto pão, vai estar duro
- **I can't believe it, everybody in the world knows about this but me** ▸ não acredito, todo mundo sabe disso, menos eu.

90 **children** | crianças

Differences between Grandfathers and Grandmothers

A friend, who worked away from home all week, always made a special effort with his family on the weekends.
Every Sunday morning he **would take his 7-year-old granddaughter out for a drive** in the car for some **bonding time**, just he and his granddaughter.
One particular Sunday however, he **had a bad cold** and really **didn't feel like being up** at all.

Luckily, his wife **came to the rescue** and said that she would **take their granddaughter out**.

When they returned, the little girl anxiously **ran upstairs** to see her grandfather. 'Well, did you enjoy your **ride** with grandma?'

'Oh yes, papa', the girl replied, 'and **do you know what?** We **didn't see a single dumb bastard or lousy shit head anywhere we went today!**'

- **would take his 7-year-old granddaughter out for a drive** ▸ levava sua neta de 7 anos para passear de carro
- **bonding time** ▸ tempo passado junto com alguém para fortalecer a amizade
- **had a bad cold** ▸ estava com um forte resfriado
- **didn't feel like being up** ▸ não estava a fim de levantar
- **came to the rescue** ▸ veio ajudá-lo
- **take their granddaughter out** ▸ levar a neta para sair
- **ran upstairs** ▸ subiu as escadas correndo
- **ride** ▸ passeio
- **do you know what?** ▸ sabe de uma coisa?
- **didn't see a single dumb bastard or lousy shit head anywhere we went today** ▸ não vimos um único idiota filho da puta ou babaca imprestável por nenhum lugar que passamos hoje

91 **blondes** | loiras

New Windows

The **home improvement contractor** called the blonde, "**It has been six months**, when are you going to pay me for the new windows I installed?"
"Hellooo!", said the blonde... "**You told me they would pay for themselves in a year!**"

- ↻ **home improvement contractor** ► empreiteiro (obras de reforma)
- ↻ **it has been six months** ► já faz seis meses
- ↻ **you told me they would pay for themselves in a year** ► você me disse que elas se pagariam em um ano

92 **sex** | sexo

The Guilty Doctor

So this doctor is **having sex** with his patients...
Finally, he**'s striken with guilt** and starts to hear two voices. **The voice of reason** on his left said... "**Mate**! Lots of doctors have sex with their patients.... **don't let it worry ya.**"
The voice of guilt on his right side said..... **Dude**! You're a **Vet**!

- **guilty** ▸ culpado
- **having sex** ▸ transando
- **stricken with guilt** ▸ sentindo-se culpado
- **the voice of reason** ▸ a voz da razão
- **mate** ▸ cara
- **don't let it worry ya** ▸ não se preocupe com isso
- **dude** ▸ cara
- **vet** ▸ (abreviação de *veterinarian*) veterinário

93 children, money | crianças, dinheiro

The Barbershop

A young boy enters a **barbershop** and **the barber whispers to his customer**, "This is **the dumbest kid in the world**. Watch while I prove it to you."

The barber puts a **dollar bill** in one hand and **two quarters** in the other, then calls the boy over and asks, "Which do you want, son?"

The boy takes the quarters and leaves. "What did I tell you?", said the barber. **"That kid never learns!"**

Later, when the customer leaves, he sees the same young boy **coming out of the ice cream parlor**. "Hey, son! **May I ask you a question?** Why did you take the quarters instead of the dollar bill?"

The boy **licked his cone** and replied, **"Because the day I take the dollar, the game's over!"**

- **barbershop** ▸ barbearia
- **the barber whispers to his customer** ▸ o barbeiro sussura para o seu freguês
- **the dumbest kid in the world** ▸ o moleque mais burro do mundo
- **dollar bill** ▸ uma nota de um dólar
- **two quarters** ▸ duas moedas de 25 centavos
- **that kid never learns** ▸ esse garoto nunca aprende
- **coming out of the ice cream parlor** ▸ saindo da sorveteria
- **may I ask you a question?** ▸ posso lhe fazer uma pergunta?
- **licked his cone** ▸ lambeu a casquinha de sorvete
- **because the day I take the dollar, the game's over** ▸ porque o dia em que eu pegar a nota de um dólar a brincadeira acaba

94 **bars** | bares

The Pirate

A pirate walked into a bar and the **bartender** says, "Hey, **I haven't seen you in a while**. What happened? **You look terrible, man**."
"**What do you mean?**", said the pirate, "I feel fine."
"**What about the wooden leg**? You didn't have that before."
"Well, we were in a **battle** and I **got hit with a cannon ball**, but I'm fine now."
"Well, OK, but what about that **hook**? What happened to your hand?"

Sorria, você está praticando inglês! • **149**

"We were in another battle. I **boarded a ship and got into a sword fight**. My hand was **cut off. I got fitted with a hook**. I'm fine, really."
"What about that **eye patch**?"
"Oh, one day we were at sea and **a flock of birds flew over**. I looked up and one of them **crapped in my eye**."
"**You're kidding!**", said the bartender, "You couldn't lose an eye just from some bird crap?"
"It was my first day with the hook."

- **pirate** ▹ pirata
- **bartender** ▹ barman
- **I haven't seen you in a while** ▹ não vejo você faz tempo
- **you look terrible** ▹ você está mal, cara
- **what do you mean?** ▹ como assim?
- **what about the wooden leg?** ▹ e essa perna de pau?
- **battle** ▹ batalha
- **got hit with a cannon ball** ▹ fui atingido por uma bala de canhão
- **hook** ▹ gancho
- **boarded a ship and got into a sword fight** ▹ eu invadi um navio e entrei numa luta de espadas
- **cut off** ▹ decepada
- **I got fitted with a hook** ▹ me puseram um gancho
- **eye patch** ▹ tapa olho
- **a flock of birds flew over** ▹ um bando de aves passou por cima voando
- **crapped in my eye** ▹ cagou em cima do meu olho
- **you're kidding** ▹ está brincando

95 **cowboys** | caubóis

Chapped Lips

An old cowboy was **riding his horse across the desert for days on end. Out of water, the sun blistering his skin and face**.
Finally, the cowboy **spots a town up ahead**, and **wearily ties his horse up** at the saloon. **On-lookers** curiously watch the man as he **painfully dismounts** obviously **dying of thirst**.

The cowboy dismounts, walks around to the back of his horse, **lifts up the horse's tail**, and **kisses his horse right square on his arse**... then proceeds to casually walk up to the saloon.

The **town sheriff** stops the man, and says "Mister, I realize you're probably tired and **not altogether with it**, but do you have any idea that you just kissed your horse right on his arse?"

The man said "**Yup**".

Sheriff inquired "Well, **why in the world** would you do that?"

"Well, you see, **I've got me some mighty chapped lips.**"

Sheriff: "Really.... does it help?"

Cowboy: "**Nope, but it keeps me from licking 'em**"

- ↻ **chapped lips** ⊳ lábios secos e rachados
- ↻ **riding his horse across the desert** ⊳ andando a cavalo pelo deserto
- ↻ **for days on end** ⊳ por dias a fio
- ↻ **out of water** ⊳ sem água

Sorria, você está praticando inglês! • **151**

- **the sun blistering his skin and face** ❯ o sol castigando sua pele e o rosto
- **spots a town up ahead** ❯ avista um vilarejo logo à frente
- **wearily ties his horse up** ❯ exausto ele amarra o cavalo
- **on-lookers** ❯ curiosos
- **painfully dismounts** ❯ desce do cavalo com dificuldade
- **dying of thirst** ❯ morrendo de sede
- **lifts up the horse's tail** ❯ levanta o rabo do cavalo
- **kisses his horse right square on his arse** ❯ dá um beijo bem no cu do cavalo
- **town sheriff** ❯ xerife da cidade
- **not altogether with it** ❯ não está raciocinando bem
- **yup** ❯ claro
- **why in the world...?** ❯ por que diabos...?
- **I've got me some mighty chapped lips** ❯ eu tenho os lábios completamente secos e rachados.
- **nope, but it keeps me from licking 'em** ❯ que nada, mas assim eu me lembro de não lamber os lábios

96 **the elderly** | idosos

An Old Couple in Heaven

An 85-year-old couple had been married for 60 years. Though they were **far from rich, they managed to get by because they watched their pennies**.

Though not young, they were both in very good health, **largely due to** the wife's insistence on healthy foods and exercise for the last decade. One day their good health didn't help when they **went on a rare vacation** and their plane crashed, **sending them off to heaven**.

They reached **the Pearly Gates** and Saint Peter escorted them inside. He took them to a beautiful mansion **furnished in gold and fine silks** with a **fully-stocked kitchen** and a waterfall in the **master bath**. A maid could be seen hanging their favorite clothes in the closet. They **gasped in astonishment** when he said, "Welcome to heaven. This will be your home now."

The old man asked Peter how much all this was going to cost. "Why, nothing," Peter replied, "Remember, this is your **reward in heaven**." The old man looked out the window and right there he saw a **championship golf course**, finer and more beautiful than any ever built on Earth. "What are the **greens fees**?", the old man asked. "This is heaven," St. Peter replied. "You play for free, every day...."

Next they went to the **clubhouse** and saw the **lavish buffet lunch** with every imaginable **cuisine laid out before them from seafood to steaks to exotic desserts, free flowing beverages**. "**Don't even ask**," said St. Peter to the man. "This is Heaven, it is all free for you to enjoy." The old man **looked around** and **glanced nervously at his wife**. "Well, where are the **low fat and low cholesterol foods** and the **decaffeinated tea**?", he asked. "That's the best part," St. Peter replied. "**You can eat and drink as much as you like** of whatever you like and you will never get fat or sick. This is Heaven!"

The old man **pushed**, "**No gym to work out at?**" "**Not unless you want to**", was the answer. "**No testing my sugar or blood pressure or**...?". "**Never again**. All you do here is **enjoy yourself**."

The old man **glared at his wife** and said, "**You and your damn bran flakes. We could have been here 10 years ago!**"

- **an old couple in heaven** ▹ um casal de idosos no céu
- **far from rich** ▹ longe de serem ricos
- **managed to get by because** ▹ conseguiam levar a vida
- **watched their pennies** ▹ eram muito cuidadosos em questão de dinheiro
- **largely due to...** ▹ em boa parte por causa de...

- **went on a rare vacation** ▹ fizeram uma rara viagem
- **sending them off to heaven** ▹ que os mandou para o céu
- **the Pearly Gates** ▹ céu
- **furnished in gold and fine silks** ▹ decorado com ouro e sedas finas
- **fully-stocked kitchen** ▹ cozinha completa
- **master bath** ▹ banheiro da suíte
- **gasped in astonishment** ▹ ficaram pasmos
- **reward in heaven** ▹ recompensa no paraíso
- **championship golf course** ▹ campo de golfe profissional
- **greens fees** ▹ taxas para usar os campos de golfe
- **clubhouse** ▹ sede do clube
- **lavish buffet lunch** ▹ suntuoso *buffet* de almoço
- **cuisine** ▹ pratos culinários
- **laid out before them** ▹ dispostos à frente deles
- **from seafood to steaks to exotic desserts** ▹ desde frutos do mar, carnes até sobremesas exóticas
- **free flowing beverages** ▹ bebidas à vontade
- **don't even ask** ▹ não precisa nem perguntar
- **looked around** ▹ olhou ao redor
- **glanced nervously at his wife** ▹ olhou apreensivamente para a mulher
- **low fat and low cholesterol foods** ▹ comidas de baixo teor de gordura e colesterol
- **decaffeinated tea** ▹ chá descafeinado
- **you can eat and drink as much as you like** ▹ você pode comer e beber o quanto você quiser

- ↻ **pushed** ⊳ insistiu
- ↻ **no gym to work out at?** ⊳ não tem academia para a gente malhar?
- ↻ **not unless you want to** ⊳ não, a menos que você queira
- ↻ **no testing my sugar or blood pressure** ⊳ nada de teste de glicose ou pressão arterial
- ↻ **never again** ⊳ nunca mais
- ↻ **enjoy yourself** ⊳ se divertir
- ↻ **glared at his wife** ⊳ faz cara de bravo para a mulher
- ↻ **you and your damn bran flakes** ⊳ você e aqueles malditos cereais com fibras
- ↻ **we could have been here 10 years ago** ⊳ a gente poderia ter chegado aqui há uns 10 anos!

97 **bars** | bares

Keeping the Beat

I was in a bar yesterday when I **suddenly realized I desperately needed to fart**.

The music was really, really **loud**, so I **timed my farts with the beat so that nobody would hear them**.

After a couple of songs, I **started to feel better**.

I finished my beer and noticed that **everybody was staring at me**.

Then I suddenly remembered that I was listening to my iPod.

- ↻ **keeping the beat** ⇒ no ritmo
- ↻ **suddenly realized I desperately needed to fart** ⇒ de repente me vi na maior vontade de soltar um pum
- ↻ **loud** ⇒ alto
- ↻ **timed my farts with the beat** ⇒ sincronizei os puns com o ritmo da música
- ↻ **so that nobody would hear them** ⇒ para que ninguém os ouvisse
- ↻ **started to feel better** ⇒ comecei a me sentir melhor
- ↻ **everybody was staring at me** ⇒ todo mundo estava olhando para mim

98 **men vs. women** | homens vs mulheres

Communication Problems

A man and his wife were having some problems at home and were **giving each other the silent treatment**.

Suddenly, the man **realized** that the next day, he would need his wife to **wake him at 5:00am** for an early morning **business flight**.

Not wanting to be the first to **break the silence** (and LOSE), he wrote on a piece of paper, 'Please wake me at 5:00am.' He left it where he knew she would find it.

The next morning, the man woke up, only to discover it was 9:00am and he had **missed his flight**. Furious, **he was about to** go and see

why his wife hadn't wakened him, when he noticed a piece of paper by the bed.
The paper said, 'It is 5:00am. Wake up.'

Men are not equipped for these kinds of contests.

- **giving each other the silent treatment** ▸ recusando-se a falar um com o outro
- **suddenly** ▸ de repente
- **realized** ▸ percebeu
- **wake him at 5:00am** ▸ acordá-lo às 5 horas da manhã
- **business flight** ▸ voo de negócios
- **break the silence** ▸ quebrar o silêncio
- **had missed his flight** ▸ havia perdido o voo
- **he was about to...** ▸ ele estava prestes a...
- **men are not equipped for these kinds of contests** ▸ os homens não estão preparados para este tipo de competição

99 **men vs. women** | homens vs. mulheres

Tech Support

Dear Tech Support,

Last year I **upgraded** from Boyfriend 5.0 to Husband 1.0 and noticed a **slowdown in the overall performance**, particularly in the flower and **jewelry applications** that had **operated flawlessly** under Boyfriend 5.0. In addition, Husband 1.0 **un-installed many other valuable programs**, such as Romance 9.5 and Personal Attention 6.5, but installed undesirable programs such as **NFL** 5.0 and **NBA** 3.0. And now Conversation 8.0 **no longer runs** and House Cleaning 2.6 simply **crashes the system**. I've tried running **Nagging** 5.3 to fix these problems, **but to no avail**. What can I do?

Signed, **Desperate**

REPLY:
Dear Desperate,

First, **keep in mind** Boyfriend 5.0 is an **entertainment package**, while Husband 1.0 is an **operating system**. **Try entering the command** C:\ I THOUGHT YOU LOVED ME and download **Tears** 6.2 to install **Guilt** 3.0. **If all works as designed**, Husband 1.0 should then automatically run the applications Jewelry 2.0 and Flowers 3.5. But remember, **overuse can cause Husband 1.0 to default to Grumpy Silence** 2.5, Happy Hour 7.0 or

Beer 6.1. Beer 6.1 is a very bad program that will create **SnoringLoudly**. wav files. Whatever you do, DO NOT install **Mother-in-Law** 1.0 or reinstall another Boyfriend program. These are not supported applications and will crash Husband 1.0. **In summary**, Husband 1.0 is a great program, but it does have a limited memory and cannot learn new applications quickly. **You might consider** additional software to improve memory and performance. I personally recommend Hot Food 3.0 and Lingerie 6.9.

Good Luck, Tech Support.

- **tech support** ▸ suporte técnico
- **upgraded** ▸ atualizei a versão
- **slowdown in the overall performance** ▸ lentidão no desempenho geral
- **jewelry** ▸ joias
- **applications** ▸ funções
- **operated flawlessly** ▸ funcionavam perfeitamente
- **un-installed many other valuable programs** ▸ desinstalou muitos outros programas muitos úteis
- **NFL** ▸ (acrônimo de *National Football League*) Liga Nacional de Futebol Americano
- **NBA** ▸ (acrônimo de *National Basketball Association*) Associação Nacional de Basquete
- **no longer runs** ▸ não roda mais
- **crashes the system** ▸ dá pau no sistema
- **nagging** ▸ pegar no pé
- **but to no avail** ▸ mas sem resultado
- **desperate** ▸ desesperada

- **reply** ▸ resposta
- **keep in mind** ▸ lembre-se
- **entertainment package** ▸ produto para entretenimento
- **operating system** ▸ sistema operacional
- **try entering the command** ▸ tente digitar o comando
- **tears** ▸ lágrimas
- **guilt** ▸ culpa
- **if all works as designed** ▸ se tudo funcionar como deveria
- **overuse can cause Husband 1.0 to default to Grumpy Silence** ▸ excesso de uso pode deixar o programa Marido 1.0 em estado de Silêncio Mal-humorado
- **SnoringLoudly** ▸ RoncandoAlto
- **mother-in-law** ▸ sogra
- **in summary** ▸ em resumo
- **you might consider** ▸ você pode contemplar a ideia de instalar

100 the Irish | irlandeses

Driving Home

An Irishman who **had a little too much to drink** is driving home from the city one night and, of course, his car is **weaving violently all over the road**.

A cop pulls him over.

"So," says the cop to the driver, "**where have ya been?**"

"**Why**, I've been to the pub of course", **slurs the drunk**.

"Well," says the cop, "it looks like you've **had quite a few to drink** this evening."

"**I did all right**," the drunk says with a smile.

"Did you know," says the cop, **standing straight and folding his arms across his chest**, that **a few intersections back**, **your wife fell out of your car**?"

"Oh, **thank heavens**," **sighs** the drunk.

"**For a minute there, I thought I'd gone deaf**."

- ↻ **had a little too much to drink** ▸ tomou umas e outras
- ↻ **weaving violently all over the road** ▸ fazendo zigue-zague pela estrada
- ↻ **a cop pulls him over** ▸ um policial o manda parar no acostamento
- ↻ **where have ya been?** ▸ de onde o senhor está vindo?
- ↻ **why** ▸ ora
- ↻ **slurs the drunk** ▸ balbucia o bêbado
- ↻ **had quite a few to drink** ▸ bebeu demais
- ↻ **I did all right** ▸ até que mandei bem
- ↻ **standing straight and folding his arms across his chest** ▸ de pé e com os braços cruzados
- ↻ **a few intersections back** ▸ alguns cruzamentos atrás
- ↻ **fell out of your car** ▸ caiu do carro
- ↻ **thank heavens** ▸ Graças a Deus
- ↻ **sighs** ▸ suspira aliviado
- ↻ **for a minute there, I thought I'd gone deaf** ▸ por um minuto, eu achei que tinha ficado surdo

101 **the Irish** | irlandeses

Death at the Brewery

Brenda O'Malley is home making dinner, **as usual**, when Tim Finnegan arrives at her door.

"Brenda, may I come in?" he asks. "**I've somethin' to tell ya**".

"Of course you can come in, you're always welcome, Tim. But where's my husband?"

"That's what I'm here to be telling ya, Brenda." There was an accident down at the **Guinness brewery**..."

"Oh, God no!" cries Brenda. "Please don't tell me."

"I must, Brenda. Your husband Shamus is **dead and gone**. I'm sorry."

Finally, she looked up at Tim. "How did it happen, Tim?"

"It was terrible, Brenda. He **fell into a vat of Guinness Stout and drowned**."

"Oh my dear Jesus! But you must tell me the truth, Tim. **Did he at least go quickly**?"

"Well, Brenda... no. **In fact**, **he got out three times to pee**."

- **death at the brewery** ▸ morte na cervejaria
- **as usual** ▸ como de costume
- **I've somethin' to tell ya** ▸ eu tenho uma coisa para lhe contar
- **Guinness** ▸ famosa marca de cerveja irlandesa
- **dead and gone** ▸ mortinho da silva
- **fell into a vat of Guinness Stout and drowned** ▸ caiu num tanque de cerveja preta Guinness e se afogou
- **did he at least go quickly?** ▸ ele teve uma morte rápida, pelo menos?

- ↪ **in fact** ▸ na verdade
- ↪ **he got out three times to pee** ▸ ele saiu do tanque três vezes para mijar

102 the Irish | irlandeses

The Last Request

Mary Clancy goes up to Father O'Grady after his **Sunday morning service**, and she's **in tears**.

He says, "So **what's bothering you**, Mary, my dear?"

She says, "Oh, Father, I've got terrible news. My husband **passed away** last night."

The priest says, "Oh, Mary, that's terrible. Tell me, Mary, did he have any last requests?"

She says, "**That he did, Father**."

The priest says, "What did he ask, Mary?"

He said to me, 'Please Mary, **put down that damn gun...**'

- ↪ **the last request** ▸ o último pedido
- ↪ **Sunday morning service** ▸ missa de domingo cedo
- ↪ **in tears** ▸ em prantos
- ↪ **what's bothering you?** ▸ o que a está afligindo?
- ↪ **passed away** ▸ morreu
- ↪ **that he did, Father** ▸ tinha sim, Padre
- ↪ **put down that damn gun** ▸ abaixa essa maldita arma

103 the Irish | irlandeses

The Drunk at the Confessional

A drunk **staggers into a Catholic Church**, enters a **confessional booth**, sits down, but says nothing.
The Priest coughs a few times to get his attention but the drunk continues to sit there.
Finally, the Priest **pounds three times on the wall**.
The drunk **mumbles, "ain't no use knockin, there's no paper on this side either**!"

- ⮌ **the drunk at the confessional** ⮞ o bêbado no confessionário
- ⮌ **staggers into a Catholic Church** ⮞ entra cambaleando numa igreja católica
- ⮌ **confessional booth** ⮞ confessionário
- ⮌ **the Priest coughs a few times to get his attention** ⮞ o padre tosse algumas vezes para chamar a atenção dele
- ⮌ **pounds three times on the wall** ⮞ bate três vezes na parede
- ⮌ **mumbles** ⮞ resmunga
- ⮌ **ain't no use knockin** ⮞ nem adianta bater
- ⮌ **there's no paper on this side either** ⮞ não tem papel higiênico deste lado também

CONHEÇA TAMBÉM DOS MESMOS AUTORES

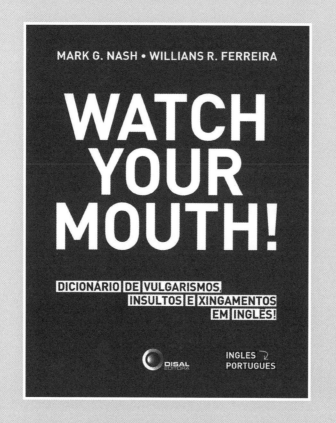

Acesse: www.disaleditora.com.br

Este livro foi impresso em agosto de 2010
pela gráfica Yangraf sobre papel offset 90g/m².